名师工作室成果文库

新媒体视域下的
美术教学

XINMEITI SHIYU XIA DE MEISHU JIAOXUE

彭学军 著

光明日报出版社

图书在版编目（CIP）数据

新媒体视域下的美术教学 / 彭学军著 . -- 北京：
光明日报出版社，2019.9
（名师工作室成果文库）
ISBN 978 - 7 - 5194 - 5480 - 7

Ⅰ.①新… Ⅱ.①彭… Ⅲ.①美术课—教学研究—高
中 Ⅳ.①G633.955.2

中国版本图书馆 CIP 数据核字（2019）第 188346 号

新媒体视域下的美术教学

XINMEITI SHIYU XIA DE MEISHU JIAOXUE

著　者：彭学军	
责任编辑：庄　宁	责任校对：赵鸣鸣
封面设计：中联学林	责任印制：曹　净

出版发行：光明日报出版社

地　　址：北京市西城区永安路 106 号，100050

电　　话：010 - 67017249（咨询）　63131930（邮购）

传　　真：010 - 67078227，67078255

网　　址：http://book.gmw.cn

E - mail：zhuangning@gmw.cn

法律顾问：北京德恒律师事务所龚柳方律师

印　　刷：三河市华东印刷有限公司

装　　订：三河市华东印刷有限公司

本书如有破损、缺页、装订错误，请与本社联系调换，电话：010 - 67019571

开　　本：170mm×240mm	
字　　数：178 千字	印　　张：16
版　　次：2019 年 9 月第 1 版	印　　次：2019 年 9 月第 1 次印刷
书　　号：ISBN 978 - 7 - 5194 - 5480 - 7	
定　　价：58.00 元	

前　言

让新媒体为美术教学插上精彩的翅膀

人工智能、大数据、云计算、物联网、可穿戴……这一系列热门名词充斥着我们的生活，使人们的生活发生巨大变革，也给学校的美术教育教学带来了巨大变革。

新媒体视域下的中小学美术教学的优势是传统教学手段所无法比拟的，它以其资源的丰富性、表现的多样性、交流的互动性、时间的高效性和学习的主动性等区别于传统美术教学；它可以充分地调动师生的积极性和创造性，突破教学的重难点，从而更有利于达到教学目的，使学生在愉快、轻松的环境中获得知识，学习如何运用各类技术，为美术教育不受时间和空间限制的教与学提供有力的保障。

本书介绍了国外发达地区新媒体艺术课程与教学的先进做法，对国内新媒体艺术课程与教学现状、艺术课程标准、教科书以及相关论文做了重点分析，提出现代媒体作为高中美术课程标准一个重要的模块，虽然已经积累了不少的成功经验，但在教学领域还存在着很大的拓展空间，有待于深入挖掘。

针对上海地区现代媒体教科书空缺的现状，笔者带领课题组成员开展《现代媒体优化美术教学的实践研究》，进行全面深入的探索，力图通过理论和实践的研究，研发出一本具有区域性特色的新媒体教学参考书。课题组通过覆盖高中、初中、小学全学段，对各种多媒体环境下的美术教学展开研究，尤其是在网络环境下使用智慧教室，利用校园网平台构建网络学习空间领域，进行深入探究，积累了个性化的研究成果；开展基于微课与慕课的美术教学研究，通过学习微课和慕课的概念特征、制作的一般流程和方法，开发了各种类型的微课案例，并开发了两门慕课，参与上海市高中名校慕课平台的建设和上线。对于学生热衷的定格动画，引入高中课堂进行项目化学习研究。通过问卷星课前访问调查、确定教学方案。借助学习单和评价量规引领各小组全程学习，除了关注学生终结性学习，更关注过程性学习，构建云盘空间以方便学生过程性学习成果的储存。经过教师指导，学生努力，打造出一批精彩的定格动画案例，体现了学生的创造力。团队成员针对技术优化美术教学的导入、新授、作业、展示、评价五个环节，撰写了优秀的教学案例，分享了宝贵的经验。

本书积极探寻新媒体视域下美术教师专业发展策略。提出信息技术融入学校美术教育，并非只是作为一种"技术形式"而存在，它应该成为美术教育中一种新的"课程形态"、一场新的"教学方式的变革"，千万不能"为了技术而技术"，要明确技术是为教学服务的。新颖的技术、丰富的教学手段并不能取代实质的教学内容和艺术体验。在依托信息技术的美术教学中，师生要凭借互联网和计算机技术，营造一种动态的、生态化的教学环境，让"教育的技术"为"课堂的艺术"服务。唯如此，方能将信息技术在课堂中的优势真正发挥出来，教师的专业素养才能真正得到提升。

　　希望本书的出版能起到抛砖引玉的作用，为一线教师开展新媒体教学提供一些思路。也希望各位同行能整合各自的教学资源，开发出校本化数字教材，营造生动有趣、自主探究的美术课堂教学氛围。让新媒体为美术教学插上精彩的翅膀，让新媒体视域下的美术教学飞得更高！更远！

彭学军于昌里花园

2019 年 2 月

数字化时代美术教学的挑战与探索

  大数据时代的到来使美术学科的发展焕发出前所未有的生命力，迫使我们站在传统美术文化巨人的肩膀上插上数字化的翅膀朝着教育现代化飞得更高更远。美术作为视觉艺术，可以说是在数字化技术运用方面相对其他学科有着更加密切的关系，因此数字化技术学习，不仅在美术教学中被广泛运用，同时也成为推动美术教学改革的强大动力。美术教师不是计算机专家，也不是数字化技术的熟练运营者，但是长期的传统美术教育实践，特别是近年来的美术课堂教学现状，使我们感受到一场由数字化学习所引发的教育改革已经快速地向学科纵深发展。数字化时代的美术教育改革浪潮汹涌澎湃，以至于我们不得不重新审视美术教育的价值观，重新构建美术教育的学科体系和教学方式。据此上海市洋泾中学美术特级教师彭学军老师邀我为此书写序，我欣然接受。

  毫无疑问，计算机技术拓展了美术学科的学习领域：数字绘画近年来获得中小学生的普遍欢迎。孩子们喜欢在计算机上利用各种造型软件画出自己喜欢的创意构想，快速地获得成功的喜悦；PPT 等教学软件已经成为课堂教学必不可少的教学手段；网络的广泛运用把整个世界拉近，极大地拓展了审美视野，成为美术学习的重要资源和学习方式；动画的制作更是广泛地调动了学生的学习兴趣……美术教学在目前已经广泛使用数字化技术的情况下，如何将数字化进一步融入美术学科发展的内核，使美术教育在实质上步入现代化教育的行列，不可避免地成为我们亟待思考的问题。

本书作者彭学军老师说得好，信息技术融入学校美术教育，并非只是作为一种"技术形式"而存在，它应该成为美术教育中一种新的"课程形态"、一场新的"教学方式的变革"，千万不能"为了技术而技术"。这就是说，在美术教育中仅仅学会使用信息技术是不够的，还必须将其融入美术学科的课程系统和教学系统，构建与传统美术学习相结合的课程体系。

研读本书，笔者认为有以下几点值得我们思考：

一、数字化时代如何满足学生对美术学习的需求

数字化时代的到来迅速改变着学生的美术学习价值观：信息技术拓展了学生的审美视野，计算机绘画软件冲击了传统绘画技法，动画的设计 PK 着传统绘本，虚拟的美术学习成果引发着学生的兴趣。在以人为本的培养目标下，这一切的变化，需要美术教师重新了解和审视学生对学科的学习需要，紧跟时代的步伐，不断满足学生的美术学习需要，美术学科的发展才会充满活力。

二、虚拟的数字绘画学习如何与现实的绘画学习有机结合

虚拟的数字绘画不能替代现实的绘画，那么两者在表现目

的、表现方法和造型规律上有没有共同的可以相互融通的结合点？这就需要美术教师去实践、去研究，在课堂教学上予以探索，不断地总结经验，实现让传统绘画插上数字化的翅膀，飞得更高、更远，获得崭新的美术学习形式和方法的体验，更有效地提升学生的审美能力。

三、如何将数字化学习真正成为为培养学生美术综合能力的过程

信息技术运用于美术教学绝对不仅仅停留在技术层面，必须进入课程，这是时代注入我们美术学科的新鲜血液，我们要让它在学科发展的脉络中奔涌；这也是时代赋予我们的使命，要在我们这一代美术教师手中，给予美术学科发展以新的划时代的飞跃。数字化美术学习不仅仅关注设备与应用程序本身，也不仅仅关注学习结果，而应更多地关注在技术融合下的体验、互动的过程以及审美批判性思维的形成。要把信息技术与美术学习的内容方法、学习过程紧密融合起来，改革教学方法，重设学习过程，在审美能力培养的基础上，努力培养学生的思维能力和提升思维品质，注重其过程性评价，更有效地促进学生综合能力的培养。

四、面对数字化时代的到来，美术教师的专业发展应对策略是什么

互联网资源的共享，冲击了教师的知识权威地位。特别对美术教师而言，教学的任务已经不仅仅是运用数字技术传授美术知识技能，而是研究如何以数字技术为载体，培养使学生主动获得美术知识技能的能力。在信息化时代，师生几乎处于同一条起跑

线。美术教师和学生的相处已经不能一成不变地用传统的方法进行了，必须放下姿态，改变教学策略，建立和谐的学习共同体。数字化时代，美术教师技术层面的唯一优势只有美术专业技能特长，如果连这一点都不能过硬，就什么优势也没有了。因此，在现代教育观念的转变中，我们只有在专业能力不断提高的同时，学习现代信息技术，并将两者有机融合，创造性地构建新的美术学习课程，改革教学方法和评价方法才能更好地适应未来的美术教育。

　　本书作者彭学军老师长期工作在美术课堂教学第一线，有着敏锐的美术教育观察、实践和评价能力，尤其能站在美术教育改革的前沿，以现代教育的眼光观测未来美术教育的发展；以"学生发展为本"的理念，审视自己的美术教育实践；以自己的切身体会总结信息技术与美术课堂教学相融合的探索得失，这是非常难能可贵的。希望本书的出版能给予美术教育同行以启发、思考和借鉴。

　　　　　　　　　　　上海市美术特级教师

　　　　　　　　　　　教育部国培计划专家

　　　　　　　　华东师大艺术教育研究中心特聘研究员

　　　　　　　　　上海市美术名师培养基地主持人

　　　　　　　　　　　　　张家素

　　　　　　　　　　　　2019 年元宵节

序言二

科技，让美术教学活起来

　　艺术加科技，让美术教学焕发出无限的生机。"互联网＋"时代，是艺术与科技相互融合的新时代。智能翻译、无人驾驶、脸部识别等系统与产品，快速进入了人们的生活与工作中，人类社会的产业结构、经济格局、生活方式、工作环境等将被重构。新媒体正在以一种不可抗拒的影响力渗透至社会各个方面，同时也推动着教育改革，促进教育教学发生了翻天覆地的变化。对传统美术课堂的教学带来了极大的冲击和挑战，同时，也为我们美术教学带来了前所未有的发展机遇。

　　数字化时代的学生是"数字土著"，手机、电脑、网络是其数字化的生存方式，他们的兴趣习惯、学习方式、思维模式等已经完全不同于以往的学生，掌握一定的信息技术是这一代学生必备的能力。作为视觉艺术的美术教学，更应该积极调动各种信息技术手段，加强学生自主、体验、合作、探究学习的能力，丰富学生美术学习的经历，使互动性与娱乐性共存，观赏性与体验性同在，让学生了解艺术美有妙招。

　　新媒体视域下美术教学方式的变革和美术教学内容的变革，

将是未来教育的主要特征。彭学军老师以自己近三十年的美术教学实践与探索，充分发挥信息技术优势，将文字、音频、视频、图片、及动画等元素巧妙地设计在教学中。在这本书里，她与我们分享了在美术教学中如何开展新媒体教学的实践经验，研究的领域都是目前较为前沿的热点，比如"各种多媒体环境下的美术教学""基于微课与慕课的美术教学""新媒体视域下美术教师专业发展"等。

彭老师在日常教学中，利用网络环境构建学习空间，展现师生在课堂教学中充分利用数字教育资源、学科软件与网络教学平台的支持，开展了不受时空限制的教与学的信息化教学活动，以体现学习环境的跨时空性、学习内容的动态组织性及个体适应性、学习资源的共享性、呈现方式的多样性、学习形式的自主性和灵活性等。研究网络背景下教育时空、教育内容、教育方式、教育评价等各方面发生的变化。通过具体生动的课例，彭老师向我们呈现出新媒体视域下美术教学的优势：构建O2O混合式教学模式，突破美术教学时空，凸显学生自主个性化的学习，实现评价方式的多元化和教学内容的丰富化深度融合。为美术教学拆"墙"破"界"，将高中美术课堂教学向课外与校外无限延伸，成功地实现了美术教学的无边界探索，使高中美术教学形成了课内外一体化的良性大循环。彭老师的实践与研究，让我们感受到多元融合教学模式成为"互联网＋"教育新常态的可能性。引领着美术教育界的同行积极关注在信息化环境下社会生活及科技领域内的最新知识与表现技能，在教学中实现有效的跨界融合。

媒体技术的应用，促使新型师生关系和互动方式的形成，教师不再是绝对专业知识和技能的掌握者，教学越来越趋向于"以学为主，以教为辅"。这意味着现代教师的角色发生了较大转变，由强调教育者的权威性到强调平等合作，一种更加有利于交流与沟通的学习共同体在师生中形成，作为学习共同体中的一员，教师应该努力为学生的学习提供帮助。彭学军老师在书中也提到互联网时代下的美术教师应具备 TPACK（Technological Pedagogical Content Knowledge 整合技术的学科教学法）特征，信息技术应用能力是信息化社会教师必备的专业能力。美术教师只有不断地更新自己的教学观念，实现分层施教、因材施教，倡导更加开放的教学观念和互利共生的师生关系，实现多主体、多维度、多层次的高效互动，引领学生学习方式的变革和促进教师工作方式的变革。让自己的观念与时俱进，充分运用科学技术以辅助美术教学，以技术促进综合素养提升。

彭学军老师的这本书，将以全新的视域为我们提供了在新媒体环境下如何开展美术教学的实践范例，书中的案例有创意、具体实用。体现了学习过程中如何合理使用各类工具，实现"教—学—评"的一致性。这也为我们呈现了信息技术和美术教育有效结合的具体途径和方法。希望本书的出版能给各位同行以一定的启发和借鉴。

上海市美术特级教师

上海市美术正高级教师

上海市特级校长

上海市美术教育专业委员会主任

上海市"双名工程"高峰计划艺术项目主持人

赵其坤

2019. 3.

目　录
CONTENTS

第一章　绪　　论 …………………………………………………… 1

第一节　新媒体概述　1

第二节　新媒体带来的人们生活的变革　3

第三节　新媒体带来的美术教学的变革　5

　　一、国外新媒体艺术课程与教学　6

　　二、国内新媒体艺术课程与教学　8

第二章　各种多媒体环境下的美术教学 ………………………… 22

第一节　各种多媒体环境下的美术教学特征　22

　　一、简易多媒体环境　22

　　二、交互多媒体环境　23

　　三、网络或移动多媒体环境　24

第二节　网络或移动多媒体环境下的美术教学　25

　　一、智慧教室环境下的课堂教学实践　25

　　二、利用校园网平台构建网络学习空间　40

第三章　基于微课与慕课的美术教学 ································ **57**

第一节　基于微课的美术教学　57

一、微课的起源　57

二、微课的概念　59

三、微课的特征　61

四、微课的类型　62

五、微课设计开发的一般流程　64

六、微课视频的制作方法　69

七、微课设计的实用建议　73

八、美术微课的案例解析　73

第二节　基于慕课的美术教学　92

一、什么是慕课？　92

二、慕课的特征　94

三、慕课的发展脉络　96

四、上海市高中名校慕课平台的建设和上线　101

五、美术慕课的案例解析　108

第四章　定格动画走进美术课堂 ···················· **128**

第一节　关于定格动画　128

一、定格动画概念　128

二、定格动画发展简史　129

三、定格动画的类型　132

第二节　定格动画制作流程　136

一、前期准备　137

二、拍摄阶段 139

三、后期制作 140

第三节 定格动画教学实践 142

一、问卷星课前调查并分析 143

二、课程目标的设计 150

三、教学环节的关键点 150

四、定格动画案例解析 155

五、定格动画课程反思 186

第五章 技术优化美术教学环节 ················· **189**

第一节 技术应用于美术教学环节的原则 189

第二节 技术优化美术教学环节案例 190

一、技术支持的导入 191

二、技术支持的新授 193

三、技术支持的作业 197

四、技术支持的展示 201

五、技术支持的评价 206

第六章 新媒体视域下美术教师专业发展 ········· **213**

第一节 新媒体视域下美术教师职业新特征 213

一、TPACK 是未来教师必备的能力 214

二、课程标准对美术教师信息化能力的要求 215

三、信息技术背景下美术教师职业新特征 216

第二节 新媒体视域下美术教师专业发展策略 217

一、课题引领，区域辐射　218

二、信息技术资源的开发与运用　218

三、学习使用相关技术　222

第三节　从技术走向综合素养　224

一、美术教师应该具备综合素养　225

二、技术促进综合素养提升　226

主要参考文献　·························　229

后　记　·························　231

第一章

绪　论

第一节　新媒体概述

新媒体已经在不经意中，渗透到生活的每一个角落。要了解新媒体，首先要知道什么是媒体。在拉丁语中，媒体（medium）意为"两者之间"，被借用来说明信息传播的一切中介。除了用身体语言和口语进行的直接传播之外，人类总是需要用某种物质载体来承载和传递信息，这种传播信息的物质载体或技术手段就是媒体。"媒体"，又被称为"媒介""传媒"或"传播媒介"，它具有两种含义：第一种指的是具备承载信息传递功能的物质或实体，譬如语言、符号、声音、图像等；第二种指的是从事信息的采集、加工制作和传播的社会组织，即传媒机构，譬如电视台、报社、广播等，被称作"大众媒介"（mass media）。

"媒介"和"媒体"实际应用中存在着细微的差别："媒介"属于传播学的范畴，偏向语言、符号等抽象概念，而"媒体"有着更广泛的含义和实体的内容，如技术和机构等。

　　说到"新媒体"，通常与所谓的"旧媒体"相对。西方媒体理论家马丁·里斯特（Martin Lister）和乔恩·杜维（Jon Dovey）等人在《新媒体：批判性导言》（New Media：A Critical Introduction）中指出：首先，"新媒体"是广义的概念，它的确切意义一时难以概括，但它又囊括了日常生活中所有我们所熟悉的事物，相对于"旧媒体"，它的内涵与外延都是非常宽泛的。既然与"旧媒体"相对，那新媒体所暗示的就是旧有的媒体所不具备的属性与价值，可以说，"新媒体"预示着媒体在内容与形式上的历史性变革。从狭义上说，把"新媒体"定义为数字媒体（digital media）比较合适，因为这个概念更好地注意到了新媒体所要表达的意义，即以数字化的二进制代码来对信息进行整合、存储和传输的媒介。不过，我们还应该看到，事实上，很多数字化的新媒体都是对"旧有的"模拟媒体的更新再利用，以及功能属性的扩展延伸。人们按照传媒的不同，把传统新闻传媒的发展划分为不同阶段——以纸为媒介的传统报纸、以电波为媒介的广播和基于模拟信号图像传播的电视，它们分别被称为第一传媒、第二传媒和第三传媒，通常它们被定义为传统媒介。第四传媒通常分为两部分，一是传统媒介的数字化，二是原创于网络的"新型传媒"。而智能手机等可联网的移动数字终端可称为"第五传媒"。新媒体属于第四传媒与第五传媒的范畴，包括交互媒体和数字化传统媒体的延伸。①

　　新媒体的主要特点在于数字化、交互性、超链接、分布式结构、

---

① 李四达. 数字媒体艺术概论［M］. 北京：清华大学出版社，2015：5.

虚拟现实与网络化的生存模式。

第二节 新媒体带来的人们生活的变革

当今社会，新媒体对社会发展及人们生活带来的巨大变革已经渗透到生产、流通、消费各个环节，推动着以信息技术、网络技术为代表的第三次产业革命不断深化。

➢ 2016 年 11 月 16 日，第三届世界互联网大会迎来最具尖端性、科技感的议程——世界互联网领先科技成果发布会。特斯拉自动辅助驾驶技术、IBM "Watson" 类脑计算机、阿里飞天平台、量子通信、微软 Hololens 混合现实全息眼镜、"百度大脑" 人工智能技术、华为麒麟960 手机芯片等 15 项领先科技成果获准在大会上发布。这是世界互联网大会举办以来，首次向社会发布世界互联网领先科技成果。据介绍，15 项世界互联网创新领先科技成果件件与老百姓的生活息息相关，真正体现了创新改变未来，这些成果也是真正的互联网之光。

➢ 2017 年 3 月 18 日，在国务院发展研究中心主办的中国发展高层论坛 2017 年会经济峰会 "深度对话：新媒体改变人类生活" 的圆桌会议在北京钓鱼台国宾馆举行。本场圆桌会议由复旦大学国际关系与公共事务学院副教授蒋昌建主持，WPP 集团首席执行官苏铭天、阳光媒体集团主席杨澜、基辛格协会副会长乔舒亚·库珀·雷默、人民网总编辑余清楚参加讨论。四位传媒大咖当天围绕新媒体的机遇与挑战展开了轻松而热烈的交流，并回答了现场提问。

WPP 集团首席执行官苏铭天说："脸书（Facebook）、推特（Twitter）以及谷歌（Google）都给我们这个行业带来了巨大的变化。在西方，脸书和谷歌的广告可以占到 70% 至 80%，还有智能手机已经改变了我们所有人的生活方式。"

据人民网总编余清楚介绍，人民日报每天的发行量是 330 万份，报纸已经远远不能满足媒体融合的趋势，现在人民日报的传播平台，包括人民网、人民日报客户端、人民日报微信、微博，整个用户加起来达 6.5 亿。

基辛格协会副会长乔舒亚·库珀·雷默认为，新媒体所构建的世界是以主客体互动的形式而存在的：一方面，现实社会与网络空间形成客观的海量信息；另一方面，每个人可以根据自己的特定需求及偏好，通过搜索、过滤、选择，创建一个属于个体的世界。这些都非常不同于传统媒体时代。他还认为，新媒体技术的快速迭代升级，使人们由后工业时代大步迈向智能时代。人工智能已经以不同方式、不同程度地渗入人们的生活，语音识别、图像分类、机器翻译技术以及可穿戴设备，使人们能够无障碍沟通；由机器人主导的智能生产已经在诸多制造企业中规模化应用。

➢ 增强现实和虚拟体验将成为电影或表演的新方式。2010 年，日本世嘉公司利用 3D 激光全息图像技术将一个日本知名的"虚拟偶像"少女歌手——"初音未来"栩栩如生地展示在观众中间，数字科技实现了幻想体验的飞跃。

➢ 在 2014 巴西世界杯开幕式上，一个瘫痪少年借助新一代交互技术，实现了站立行走和踢球的愿望。2014 年成为可穿戴设备如火如荼发展的一年，谷歌公司发布的"拓展现实"眼镜可实现通过声音控制拍照、视频通话和导航识别功能。该设备与智能腕带、苹果的 iwatch 智能手表等一起承载着未来的想象力。此外，可阅读和翻译大脑信号的设备也成为研发的热点，如一家名为"脑波互动"（Neurowear）的日本公司就开发了一款通过分析脑电波来帮助顾客选择音乐的"大脑阅读器"。通过脑电波对梦境的分析解读和传译可以使人类更清晰地了解潜意识的幻象。

新媒体的迅猛发展，给各个领域带来了变化，也给人们的生活方式带来了巨大变革。那么，教育将迎来怎样的挑战呢？

第三节 新媒体带来的美术教学的变革

新媒体视域下的中小学美术教学的优势是传统教学手段所无法比拟的，它以其资源的丰富性、表现的多样性、交流的互动性、时间的高效性和学习的主动性等区别于传统美术教学。可以充分调动师生的积极性和创造性，突破教学的重难点，从而更有利于达到教学目的，使学生在愉快、轻松的环境中获得知识，为美术教育不受时间和空间限制的教与学提供有力的保障。

《基础教育课程改革纲要（实行）》早就提出要求："大力推进信息技术在教学过程中的普遍应用，促进信息技术与学科课程的整合，逐步实现教学内容的呈现方式、学生的学习方式、教师的教学方式和师生互动方式的变革，充分发挥信息技术的优势，为学生的学习和发展提供丰富多彩的教育环境和有力的学习工具。"因此，核心素养本位的高中美术教育需要切实加强信息技术与课程、教学的深度整合，使之互为表里。

20 世纪 90 年代末，美国、英国、澳大利亚、日本等发达国家的中小学美术课程中纷纷导入新媒体教学，积累了许多值得借鉴的经验。国内最近几年也特别重视新媒体教学，开展了一系列相关研究，取得了可喜的成果。

一、国外新媒体艺术课程与教学

美国纽约州现行的视觉艺术课程标准（Visual Arts）中提出："初级——学生了解各种艺术媒介（二维、三维、电子图像）的特性，以便去选择那些与他们目的与意图相当的媒介；用电子媒介发展技能，作为表达视觉思维的一种手段。中级——学生用计算机或其他电子媒介作为设计工具，交流视觉思维。"等要求。视觉艺术的课程内容早已超越"精致美术"的范畴，杂志、电视、电影、报纸、广告、录像、互联网等，都可以成为美术课程的内容。其间，师生更多是通过美术批评、创造影像等和日常的生活经验进行互动。[1]

1999 年，英国颁布的《英国国家课程：美术与设计》（The National Curriculum for England：Art and design）中提出："发展和记录各种观念（例如，用电子笔记本），使用因特网去调查美术家、手工艺匠、设计家的作品，使用信息技术去拓展和增加他们的各种使用材料和制作过程，利用 Email 交流作品和思想，在网站上发表他们自

---

① 段鹏. 美国国家核心艺术课程标准的内容、特点与启示 [J]. 课程教材教法，2016.1.

已班级的美术作品。"等要求。①

德国政府认为作为基础教育的一部分，数字媒体技术介入教学可以是多方面的，要培养学生辨别各类信息及适应信息技术快速发展的能力，让他们以对社会、对个人负责的态度使用这些技术。在教育中强调使学生能以数字媒体技术为工具用于信息管理、信息处理、表达、信息传递的目标。

日本在数字媒体介入美术教学方面起步比较早，90年代早期就有教师在美术教学中使用，在之后的美术教学改革中开始鼓励教师利用计算机等数字媒体设备进行教学，普遍受到学生和教师的欢迎。1998年，日本文部省公布了《中学校学习指导要领》（2002年正式实施），其中有"用漫画、插图、摄影、录像、计算机等影像多媒体进行表现与传达、发表和交流"等要求。

韩国资讯科技美术馆在2005年做了一系列经典绘画作品的新尝试，将这些经典作品利用数字技术重新组合，还原动态场景，让观众能更真实地体会作品的内涵。比如，将《蒙娜丽莎》一画还原画面人物表情从正常状态到微笑的细微变化，让观众更直观地感受微笑那一瞬间的美妙；又如，对《最后的晚餐》一幅作品还原晚餐的真实场景。

2001年全美教育协会主席大卫·伯顿（David Burton）宣称电脑、网络等数字媒体将成为21世纪课堂中最重要的教学技术之一，要求教师掌握各类数字媒体的操作技能以应对当前数字化时代的挑战。英国媒体通信协会主席、教育文化与创意研究学者、教授朱利

---

① 胡知凡. 英国的中小学美术教育改革［J］. 中国美术教育，1997.3.

安·格林（Julian Green）在 2001 年指出"数字技术将不仅改变学生观看世界的方法，同时也将创造出另一个截然不同的新世界，因此他呼吁学校美术课程与教学中的新媒体不能仅仅将其看作一种设计图形或者绘制图纸的工具，而是应将其当作一门独立的艺术形式进行研究。"

二、国内新媒体艺术课程与教学

（一）课程标准及教学大纲的要求

在 2000 年《九年义务教育全日制小学美术教学大纲》和《九年义务教育全日制初级中学美术教学大纲》中首次指出"有条件的地方可增加计算机美术等教学内容"。

《义务教育美术课程标准》（2011 年版）多次提到新媒体艺术运用的要求。课程性质里提出："学生在美术学习中运用传统媒介或新媒体来创造作品，发展想象能力、实践能力和创造能力。"在第三学段（5~6 年级）"造型·表现"学习领域提出学习活动建议："运用计算机、照相机等进行造型表现活动。"在"设计·应用"学习领域提出学习活动建议："学习用计算机或其他手段进行标志、招贴、请柬、相册等设计。"在"欣赏·评述"学习领域提出评价要点："利用互联网、辞书或美术专业书籍等查阅美术方面的资料。"在"综合·探索"学习领域提出学习活动建议："使用照相机、摄像机收集素材，并利用计算机等手段进行美术创作和展示活动。"

在第四学段（7~9 年级）"欣赏·评述"学习领域提出学习活动

建议："欣赏新媒体艺术作品，了解科技发展与美术创作的关系，对现实生活中发生的美术现象及相关图片报道，进行简单的解读、分析和评述。"在实施建议部分提出："根据学生的学习需求，开展计算机和网络美术教学，鼓励他们主动检索美术信息，利用数码相机和计算机创作美术作品，互动交流。"在"综合·探索"学习领域的学习活动建议是："运用各种信息技术，收集班级的各种信息，设计班级主页和学生个人网页，组成班级网，参与网络的交流。"在课程的实施中提出了8条教学建议，其中第7条教学建议中涉及新媒体艺术内容："灵活运用影像、范画以及故事、游戏、音乐、参观、访问、旅游等方式，增强学生对形象的感受能力与想象能力，激发他们学习美术的兴趣，促进每个学生在原有基础上的进步。根据学生的学习需求，开展计算机和网络美术教学，鼓励他们主动检索美术信息，利用数码相机和计算机创作美术作品，互动交流。"在课程资源开发与利用建议中，提出"开发和利用网络美术教学资源"，建议有条件的学校应积极开发信息化课程资源，充分利用网络，获得最新的美术教育资源，开发新的教学内容，探索新的教学方法，并开展学生之间、学校之间、省市之间和国际的学生美术作品、教师美术教学成果等方面的交流。农村、边远地区及少数民族地区，应充分利用远程教育网络，引进优质美术教学资源，提高美术教学的效益。①

《普通高中美术课程标准（实验）》（2003年版）② 为了适应时

---

① 中华人民共和国教育部. 义务教育美术课程标准：2011年版［M］. 北京：北京师范大学出版社，2011.

② 中华人民共和国教育部. 普通高中美术课程标准：实验［M］. 北京：北京师范大学出版社，2003.

代发展的要求，增设了反映美术学科发展成果的现代设计、现代科学技术与艺术相结合的"现代媒体艺术"学习模块，学习内容分为摄影、摄像以及电脑绘画、电脑设计。其成就标准是：通过"现代媒体艺术"模块的学习，学生能够：

1. 积极参与现代媒体艺术活动。

2. 恰当地使用美术及相关的术语，从观念、创意、制作技巧等方面，以自己的观点评论中外两件以上的现代媒体艺术作品。

3. 了解相关的现代媒体设备和器械的基本特点，并能独立操作现代媒体设备和使用相应软件。

4. 发现生活中有意义的题材，并用现代媒体艺术的形式加以记录或表达；充分利用图像资料库和网络资源，有创意地完成两件以上的现代媒体艺术作品，表达自己的情感和思想。

5. 以多种形式大胆地展示和交流，用口头或书面的形式对自己和他人的现代媒体艺术作品进行评价。

6. 理解现代媒体艺术与其他学科之间的联系，并将其运用于研究性学习的表达和展示之中。

教学资源：开设现代媒体艺术课程首先需要有硬件设备的保证，例如，照相机、数码照相机、摄影机、数码摄影机，能处理图像的电脑（最好是图像工作站）、录像编辑机等；图形资料的输入设备扫描仪、数码照相机、数码摄影机，教学时使用的实物投影仪；输出设备：教学时使用的液晶投影仪、图像输出用的彩色打印机等。要进行电脑绘画创作和设计还需要相应的应用软件，如 Photoshop、CorelDRAW、Painter、3Dmax、AutoCAD、Flash 等，用于网页设计和制作的 FrontPage、Dreamweaver 等软件；需要各种字库、图像资料库等资源，有的图像资料可以通过扫描自己拍摄的照片逐步积累起来；还可以利用国际互联网上大量的图像、声像和文字资源。

《普通高中美术课程标准》（2017 年版）"现代媒体艺术"模块学习内容略有改动：由摄影、摄像、数码绘画和数码设计等组成。通过"现代媒体艺术"模块的学习，学生能够：

1. 知道现代媒体艺术的内涵及主要表现手段（摄影、摄像、数码绘画和数码设计），了解其科技、艺术和人文理念相结合的特征，既需要掌握现代数码媒体技术，又需要艺术感悟、造型和设计能力，还需要深度的人文思考和社会关注。在此基础上，进一步对不同的媒介类型进行比较和判断，认知其各自的技术特点。

2. 了解现代媒体艺术创作所需的基本知识，如摄影、摄像或数码绘画作品中的对角线、垂直线、水平线、S 形和三角形构图，摄影中的光圈、焦距、景深和快门，摄像中的"推、拉、摇、移、跟"以及镜头转换等拍摄技巧，数码绘画与数码设计所需的软件知识等。

3. 通过欣赏和练习，自主地分析摄影、摄像中美术语言的运用（如光、色、构图、远近和虚实等），挖掘其独特的形式美感及其背后的文化内涵；尝试运用"构成、空间、时间、行为、声音、光线和符号"等基本的媒体要素及视觉表现语言进行媒体艺术的基础练习。

4. 在鉴赏优秀作品的基础上，尝试对某一题材（如风景、人物、花卉、静物和校园生活等）进行摄影活动，并通过后期技术创作兼具内涵和美感的摄影艺术作品。

5. 以小组合作的方式，选择合适的生活主题或社会议题编写场景剧本并进行拍摄，通过编辑和后期加工处理，制作具有生活情趣且表达自身情感和思想的微电影作品。

6. 了解和使用更多的形式进行综合性的艺术表达，如电影、新闻报道、纪录片、广告、音乐视频、动画、游戏视频和其他组合形式等。

7. 通过教师的演示和示范，知晓常用的数码设计软件，运用网络或其他方式搜集各类图形资源，进行数码设计（平面设计、动画设计或三维立体设计）。

8. 运用相关软件，进行数码绘画的艺术探索，学习数码绘画要素和方法（如构图、造型、色彩、质感、笔触和步骤等），并尝试创作新颖的数码绘画作品。

9. 了解现代媒体艺术在装置艺术、影像装置/录像装置、互动媒体上的运用及观念表达方式，分析其创意的来源及特殊的造型手段和方式。

10. 了解不同种类现代媒体艺术的造型规律和独特技艺，尝试运用多种工具、软件和媒体艺术语言去进行综合性的表现、设计及创作，也可采用移动学习，尝试通过手机、平板电脑等进行与现代媒体艺术相关的学习与创作。

《普通高中美术课程标准》（2017 年版），对学业质量也提出了要求。学业质量是学生在完成本学科课程学习后的学业成就表现。学业质量是以本学科核心素养及其表现水平为主要维度，结合课程内容，对学生学业成就表现的总体刻画。依据不同水平学业成就表现的关键特征，学业质量标准明确将学业质量划分为不同水平，并描述了不同水平结果的具体表现。

现代媒体艺术的质量水平划分为 3 个水平，水平 1 的质量描述是：（1）能针对摄影、摄像或数码绘画作品，说出几种构图形式，如对角线、垂直线、水平线、S形和三角形构图等。（素养1、3）；（2）能利用照相机或摄像机对感兴趣的事物进行拍摄。（素养2、4）；（3）能利用计算机相关软件进行设计、绘制作品，并与同学交流数字媒体技术的特点。（素养2、4）；（4）能认识到现代媒体艺术对传统美术概念的改变。（素养5）。

水平2的质量描述是：（1）能根据光、色和构图来分析摄影、摄像或数码绘画作品。（素养1、3）；（2）能运用照相机或摄像机，根据主题，如风景、人物、花卉、静物和校园生活等进行摄影、摄像，表达自己的感受。（素养2、3、4）；（3）能利用计算机相关软件设计、绘制标志、广告和动漫等作品并与同学交流自己的创作意图和想法。（素养2、4）；（4）能认识到现代媒体艺术具有互动性和虚拟性等特点。（素养2、5）。

水平3的质量描述是：（1）能从历史和文化的角度对现代媒体艺术作品进行分析和阐述。（素养1、3、5）；（2）能根据学校或社会的有关议题编写脚本，利用照相机、摄像机或计算机创作带有情节性的作品，并与同学交流、探讨作品中存在的问题，在此基础上进一步修改、完善自己的作品。（素养2、3、4）；（3）能认识到现代媒体艺术是科学、艺术与人文理念的结合，理解其为当代社会发展所做出的贡献。（素养2、5）①。

教学设计建议中对"开展在信息技术环境下的美术教学"的建议如下：在信息化环境下，要与时俱进地引导学生充分运用现代信

---

① 素养1：图像识读。素养2：美术表现。素养3：审美判断。素养4：创意实践。素养5：文化理解

息技术开展自主、合作和探究的学习。具体方法包括：充分利用网络图文信息资源和大数据丰富美术学习的内容；运用 PPT、视频、微课、慕课、虚拟／增强现实、人工智能等现代信息技术手段改变教学方式，提高学习效率；运用照相机、摄像机、扫描仪、3D 打印机设备等，以及图像处理软件、设计软件、App 技术等进行美术创作、设计和解决问题；运用网络互动平台以及其他远程通信技术加强师生或外界的人际交流与互动，借助学习共同体的智慧与力量，合作完成学习任务。①

开发和利用课程资源：充分而理性地利用信息化资源。学校应该提供资金、设备，帮助教师充分利用计算机技术、多媒体技术和互联网技术、各种美术应用软件等信息化美术课程资源，从内容和方法上扩展美术课程的空间，使美术教学更具有直观性、互动性和时代感，以促进学习方式的转变，提高教学效果。在充分利用信息化资源的同时，也要注意培养学生对各种网络美术及相关信息的辨别、批判、选择和运用能力。②

（二）新媒体艺术教科书研究

随着《义务教育美术课程标准（2011 年版）》的颁布，全国各地纷纷进行了初中美术教科书的编写，如人民美术出版社出版的全国版义务教育课程标准实验教科书《美术》，浙江美术出版社出版的

---

① 中华人民共和国教育部. 普通高中美术课程标准. 2017 年版 ［M］. 北京：人民教育出版社，2018. 2.
② 中华人民共和国教育部. 普通高中美术课程标准. 2017 年版 ［M］. 北京：人民教育出版社，2018. 61.

义务教育课程标准实验教科书《美术》，上海教育出版社出版的义务教育课程标准实验教科书《美术》等。作为新增的亮点，新媒体艺术课例在数量和内容上都有所增加，涵盖了"造型·表现""设计·应用""欣赏·评述"和"综合·探索"四个学习领域，课例的内容主要有摄影、电脑美术、新媒体艺术鉴赏等。但是在所有内容的比例上，新媒体的比重还是很低，如2013年版人民美术出版社全国初中美术教科书是依据《义务教育美术课程标准（2011年版）》进行修订和完善的。新版全国初中美术教科书共6册，总计87课，所有的课例都以单课的结构呈现，其中新媒体艺术的课例4课，仅占所有课例的4.60%。①

2003年起，随着《普通高中美术课程标准（实验）》的公布，新一轮的高中美术教科书编写工作开始启动。经教育部中小学教材审查委员会审查通过并投入使用的高中美术新课程实验教科书共有5套，分别由人民美术出版社、人民教育出版社、湖南美术出版社、山东美术出版社、广东教育出版社出版（排序不分先后）。每套高中美术新课程实验教科书均有9册，分别是《美术鉴赏》《绘画》《雕塑》《设计》《工艺》《书法》《篆刻》《摄影·摄像》《电脑绘画·电脑设计》，供高中生选用。

笔者所处的上海地区，普通高中艺术鉴赏课从1995年左右开设，1997年上海出版了第一套高中艺术教材，即上海书画出版社出版的《美术欣赏》，1998年又相继出版了教参。该教材分成上下两册，每册15篇课文，一共30篇，一学年完成。后来再版，增加了

---

① 徐耘春. 视觉艺术教育的新动向：数字时代背景下的中学新媒体艺术课程与教学研究［D］. 上海：华东师范大学，2015.10.

一些内容，共38篇课文。包含绘画、雕塑、建筑、民间美术、工艺美术、设计、场馆学习、计算机艺术、动漫艺术、摄影艺术、摄像艺术、艺术品价格与市场等。该教材比较关注学科本体知识结构以及逻辑关系，具有扎实性和系统性特征，而且包含"计算机艺术、动漫艺术、摄影艺术、摄像艺术"的新媒体内容。

21世纪初，上海艺术课改，由音乐美术分科逐步引向艺术综合学习。2002年由上海音乐出版社出版的《艺术》（试验本）教材，在部分实验基地学校开始使用，全面铺开差不多是在2012年左右。艺术教材从高一到高三共6本，包含艺术与生活、艺术与情感、艺术与文化、艺术与科学四个系列，分别从音乐、美术、舞蹈、戏剧、影视等不同艺术门类切入，建构相对完整的、综合性的艺术学习模块。四个系列共十六个模块供选择，具有选择性和多样性原则，遗憾的是新媒体部分的内容消失无踪。

上海地区的高中美术教材除了《美术鉴赏》外，没有其他模块的配套教材供选择。

（三）新媒体美术教学研究的相关论文

20世纪90年代随着计算机技术在我国的飞速发展，更多的教师开始关注计算机技术和美术教学的结合。与此同时，《中国美术教育》也开始越来越多刊登关于计算机图形设计以及计算机应用于教学的文章，如辜居一在《中外计算机美术纵横谈》（1990年第四期）一文中就全面介绍了计算机图形设计产生以及发展的基本情况，并且提到了国际上最早的计算机美术作品展览的信息，同时也提到了计算机图形设计在我国产生和发展的基本情况，对广大中小学教师更进一步了解计算机图形设计帮助很大。景文静在《计算机，中学美术教学的好帮手》（1996 年第五期）中首次提出了计算机辅助中学美术教学的作用，从强化美术教学过程的直观性、增加课堂教学的容量、丰富教学内容等方面展开论述，这为美术教师较全面了解计算机的功能做了铺垫。

20 世纪 90 年代末，随着计算机和网络的日益普及，也有越来越多的美术教师开始尝试借助网络开发美术教学资源，如莫宁、赵共强在《阳城的明天——计算机绘画创作活动设计》（《中国美术教育》1998 年第五期）中就开始强调利用网络搜集素材，并存入计算机建立数据库供学生欣赏。原湛江师范学院教授周凤甫在《现代教育技术在美术欣赏课教学中的运用初探》（《中国美术教育》1999 年第三期）中试图从美术教育的角度对现代媒体艺术进行定义和分类，他认为现代媒体艺术分成"光学媒体、音响媒体、声像媒体以及综合媒体"四类，其中新媒体艺术属于综合媒体范畴，在美术教学中主要包括计算机教学系统、语言实验室、学生与作品的交互反应等。辛艺华在《艺术教学的 CAI 课件开发》（《中国美术教育》1999 年第五期）中首次完整提出了美术教学 CAI 课件开发的基本知识，有利于教师自主对 CAI 课件的开发。李群、邓子平在《美术欣赏课"网络五段式"教学模式的建构与实验》（《中国美术教育》2001 年第五期）中指出网络五段式的教学模式主要指引导学生利用网络搜集资料和整理资料，并且利用网络互相交流的教学模式，较早较全面地提出了利用网络介入美术教学的模式建构。曹铭智在《少儿计算机绘画教学点滴》（《中国美术教育》2003 年第五期）中结合了自己近两年的教学实践和尝试，以大量的学生作业作为演示，特别是指导学生运用计算机进行美术创作步骤的论述比较成熟。

在中国基础教育期刊全文数据库（2015年至今）、中国基础教育优秀博硕士学位论文数据库、中国基础教育重要报纸全文数据库中，以"新媒体"和"美术教学"为关键词，跨库检索相关论文，得出14篇相关度较高的论文。其中高中3篇，初中3篇，中学2篇（包含高中、初中），小学6篇。以"数字"和"美术教学"为关键词，跨库检索相关论文，得出50篇相关度较高的论文。从论文内容来看，有全面梳理分析国内外新媒体艺术现状、国内课程标准、教科书等问题，提出相应建议及对策的高质量论文。大部分论文的研究比较聚焦在"传统课堂与新媒体课堂的区别""新媒体课堂的优势""新媒体存在的不足与策略研究""新媒体教学提高学生素养研究"等方面，也有"微课在美术教学中的运用""新媒体背景下的美术交互式教学研究""虚拟现实在美术教学实践中的运用"等个性化的研究。

（四）分析与对策

分析《义务教育美术课程标准》（2011年版），新媒体教学的要求从第三学段（5~6年级）已经被明确提出来，一直到高中学段，学习要求随着学段的增长而递增。如何将小学、初中、高中的新媒体美术教学有机衔接、精准定位，是值得我们深入思考的。笔者认为，每个学段新媒体的引入，都要认真分析学生的认知背景、认知能力，教师要根据已有的资源条件和自身特长进行教学设计。本书参与研究的成员均来自小学、初中、高中三个学段的优秀一线教师，为我们在这个方面的研究奠定了良好的基础。

　　比较《普通高中美术课程标准（实验）》（2003 年版）和《普通高中美术课程标准》（2017 年版），明显发现 2017 年版的标准在新媒体要求上多所着墨。从成就标准看，2003 年版的提出了 6 条标准，2017 年版的增加至 10 条，而且要求明显提高。比如，2003 年版仅仅要求能积极参与现代媒体艺术活动，恰当使用相关术语评论两件以上现代媒体艺术作品，用现代媒体的形式加以记录或表达，利用图像资料库和网络资源，有创意地完成两件以上的现代媒体艺术作品，用口头或书面的形式对自己和他人的现代媒体艺术作品进行评价，理解现代媒体艺术与其他学科之间的联系，并将其运用于研究性学习的表达和展示之中等。而 2017 版则要求学生知道现代媒体艺术的内涵及主要表现手段，了解其科技、艺术和人文理念相结合的特征，既需要掌握现代数码媒体技术，又需要艺术感悟、造型和设计能力，还需要深度的人文思考和社会关注。在此基础上，进一步对不同的媒介类型进行比较和判断，认知其各自的技术特点。了解现代媒体艺术创作所需的基本知识，如数码绘画与数码设计所需的软件知识，要会摄影，并通过后期技术创作兼具内涵和美感的摄影艺术作品，尝试通过手机、平板电脑等进行与现代媒体艺术相关的学习与创作等。这些变化，一方面给师生开展新媒体的学习提出了更高的要求，另一方面，也给大家提供了更广阔的视野，提供了更多的思路和选择。本书的研究就是基于新媒体视域下的各种教学尝试。

　　另外，《普通高中美术课程标准》（2017 年版），对学业质量提出了要求。现代媒体艺术的质量水平划分为 3 个水平，分别指向美术学科核心素养的表现水平，充分体现了"教—学—评"的一致性，也为教学质量的检测提供了的依据。

通过对新媒体艺术教科书分析得出结论，小学和初中学段的教科书新媒体课例比重很小，有待于大力开发。高中阶段的教材，根据课程标准模块的划分，全国范围内经审核通过的共有 5 套相对应的教材，每套教科书均有 9 册，比较完整。上海地区的教科书从1997 年开始的《美术欣赏》，到 2002 年的《艺术》，一直没有新媒体或者现代媒体模块的单独教材，只是在《美术欣赏》里安排了计算机艺术、动漫艺术、摄影艺术、摄像艺术的欣赏内容，后来变成《艺术》教材之后，教科书里干脆就没有新媒体内容了。所以，教师的实践有两条途径，一是在艺术欣赏内容里拓展新媒体教学，二是进行新媒体艺术的校本开发。可喜的是，相当多的老师怀着对美术教学的热爱，与时俱进，自主开发研究各类新媒体教学的策略，取得了良好的成效，本书的研究团队正是由这样一批有活力的教师组成。本书的价值也在于给各位教学实践中的一线教师提供新媒体研究的实践方法和实践经验。

通过对《中国美术教育》杂志中相关研究论文的梳理，以及对中国基础教育期刊全文数据库检索获得的论文分析得出结论，国内已经有相当多的一线教师、专家自觉地参与到新媒体教学研究中，积累了宝贵的经验，具有划时代意义。论文中呈现的案例对教材中课例不足的现象也是一个补充。但是在研究数量上，还是非常少，从研究的质量上看，不乏厚重扎实的研究，但有相当一部分研究还存在碎片化趋势，列举的案例也是蜻蜓点水、浮光掠影，没有深入。这也为本书的案例呈现提出了更高的要求，以避免类似情况出现。

笔者也曾经针对学生学习新媒体艺术做过问卷调查，绝大部分学生都表现出极大的兴趣。作为"数字土著"的学生需要教师的指导和课程的引领才能成为"数字公民"。所以，笔者认为在新媒体视域下的中小学美术教学探究十分有必要。本书也将呈现新媒体背景下中小学美术教学的前沿做法，探索各种多媒体教学环境下的教学策略、微课和慕课的设计与应用、使用各类应用软件优化美术教学环节、学习用技术制作新媒体艺术、定格动画 App 走进美术课堂等诸多方面，希望能给同类学校教师开展相关工作以启发和借鉴意义。

思考题：

（1）新媒体带来的人们生活的变革以及美术教学的变革，给你哪些启示呢？

（2）在你的美术课堂教学中是否经常使用新媒体？下一个阶段你打算如何深入开展新媒体教学？

第二章

各种多媒体环境下的美术教学

第一节　各种多媒体环境下的美术教学特征

新媒体教学需要环境的支撑。本书研究的多媒体教学环境主要有以下三种：简易多媒体环境、交互多媒体环境、网络或移动多媒体环境。首先，需要了解一下各种多媒体环境的特征，以及给美术教学带来的优势。

一、简易多媒体环境

简易多媒体环境主要由多媒体计算机、投影机、电视机等构成，以呈现数字教育资源为主的简易多媒体。可以"电脑＋电视"、"电脑＋投影"、"电脑＋实物"展示台等。对于国内大部分地区的学校而言，实现简易多媒体美术教学环境并不难。作为视觉艺术的美术学科，有了"电脑＋"的基本配置，就可以强化视觉冲击力，凸显视觉性，加强直观性和丰富性，扩大信息容量，吸引学生注意力，激发学生的学习兴趣和学习主动性。

特点：成本低，简单方便。容易集中注意力，便于集中学习和讨论。

二、交互多媒体环境

交互多媒体教学环境主要由多媒体计算机、交互式电子白板、触控电视等构成，在支持数字教育资源呈现的同时，还能实现人机交互。目前一些发达城市的中小学校，在教室里都安装了交互式电子白板，相比简易多媒体教学环境增加了好多实用的功能。比如"注解、编辑功能"，可直接在上面标注或书写文字，能随时灵活地引入多种类型的数字化信息资源，并可对多媒体素材进行灵活地编辑、展示和控制。"存储与回放功能"，板书内容可以被存储下来，作为教学资料以后反复使用或者与其他教师分享。"放大缩小、探照灯等功能"可以截取图像，对经典的美术作品进行局部观察、解析和比较等，引起学生关注。"绘图功能"可以完成美术教学中的当场绘画的直观演示等。总之，交互多媒体教学环境强大的交互性，使美术课堂教学变得生动有趣，实用功能实现了过程性的动态生成，极大地提高了教学效率。

特点：加强互动，激发兴趣。学生主动参与，关注过程性学习。

三、网络或移动多媒体环境

网络或移动多媒体环境是指由多媒体计算机网络教室、简易或交互多媒体教学环境，以及其他学生终端（为每个学生或小组配备平板电脑、笔记本电脑、智能手机等信息化终端设备）构成的，师生在课堂教学中能够充分利用数字教育资源、学科软件与网络教学平台的支持，开展不受时空限制的教与学活动的信息化教学环境。在我国一些发达城市的部分学校，实现了网络或移动多媒体教学环境，它可以让我们与世界互联、互通，获得各类新鲜、丰富的艺术资源和教育资源，丰富美术课程与教学的内容。借助信息技术环境下新媒介及其技术的辅助，为学生提供更多感知艺术、体验艺术、理解艺术的机会和平台，为美术教学提供一个开放的学习环境和可供学习者自主探索的空间，加强美术学习的探究性和交互性。

在多媒体和网络环境下，美术教学可以从原有的"知识讲授""技法训练"转变为更为注重"情景创设""合作学习""会话协商""意义建构"等，使美术教学呈现了极强的开放性，美术学习的体验性也愈发增强。因此，依托网络或移动多媒体教学环境，教师提供支持和帮助，学生之间利用网络形成有效的学习共同体，构成了"教师—计算机—学生"三维互动方式，学习者和教师或同学可以随时随地进行互动、交流、评价，营造一种动态的、生态化的教学环境。

特点：开放、多元的环境，便于开展探究性学习；及时演示、互动、评价，适合个性化发展。

第二节 网络或移动多媒体环境下的美术教学

上一节已经提到，网络或移动多媒体环境下的美术教学所带来的区别于传统教学无可比拟的优势。这一节，主要针对网络或移动多媒体环境下"智慧教室"课堂教学实践和"校园网络平台"课堂教学实践两个项目展开介绍。

一、智慧教室环境下的课堂教学实践

笔者所在的上海市浦东新区，开展了"浦东新区市区两级示范性高中信息化建设项目"（简称"智慧高中"项目）的实施，就如何更好利用信息技术环境和设备，创造性地开展智慧教学成为应用研究的重要课题。作为该项目中的重要建设内容之一，26 所高中智慧教室中都已配备了触控一体机、电子白板、智能录播等多项具有前瞻性的新技术新设备，对课堂教学实际操作的教师和学生来讲，是一次全新的挑战，也是一次契机。

笔者以及项目组部分成员参与了子项目"智慧教室"在高中美术学科教学中的有效应用研究。

（一）智慧教室的概念

什么是智慧教室？目前国内有众多研究学者和文献均给出明确的定义，有的学者把智慧教室用英语翻译为"Intelligent Classroom"，

或者是"Smart Classroom""Classroom of Future"，祝智庭教援认为，智慧教育指的是新课堂教学理念下的课堂教学，其主要目标不在于传统的知识灌输，而在于学生人格的完善和综合素质的提升，进而促进学生的智慧发展。黄荣怀、胡永斌等（2012）认为教室环境应是一种能优化教学内容呈现、便利学习资源获取、促进课堂交互开展，具有情景感知和环境管理功能的新型教室。陈卫东（2011）等认为智能教室，就是一个能够方便对教室所装备的视听、计算机、投影、交互白板等声、光、电设备进行控制和操作，有利于师生无缝地接入资源及从事教与学活动，并能适应包括远程教学在内的多种学习方式，以自然的人机交互为特征的、依靠智能空间技术实现的增强型教室。钟晓流（2011）等认为智能教室是为教学活动提供智慧应用服务的教室空间及其软硬件装备的总和。智慧教室是在物联网、云计算、大数据等新兴信息技术的推动下，教室信息化建设的最新形态。

因此，智慧教室是数字教室和未来教室的一种形式。所谓"智慧教室"，是以建构主义学习理论为依据，利用大数据、云计算、物联网等新一代信息技术打造的智能、高效的课堂环境（教室）。其实质是基于动态学习数据分析和"云+端"的运用，实现评价反馈即时化、交流互动立体化、资源推送智能化，全面变革课堂教学的形式和内容，构建大数据时代的信息化课堂教学模式。

传统的教学方式已经不能满足现代化教学的需要，基于物联网技术集智慧教学、环境智慧调节、视频监控及远程控制于一体的新型现代化智慧教室系统在逐步地推广运用。智慧教室作为一种新型的教育形式和现代化教学手段，给教育行业带来了新的机遇（见图2-1）。

图2-1　智慧教室环境

（二）智慧教室的特征

智慧教室的教学系统由内置电子白板功能的触控投影机一体机、实物投影、智能录播、功放、音箱、无线麦克、拾音器、问答器和配套控制软件等构成。使用内置电子白板功能的触控投影机代替传统的黑板教学，实现无尘教学，保护师生的健康，可在投影画面上操作电脑，在每个桌位上配置问答器，实现师生交互式课堂教学。

传统课堂主要依靠教师的个人教学经验对课堂上学生的学习行为进行判断和制定教学决策，智慧教室根据学生学习行为大数据挖掘与分析来调整教学策略，用直观的数据了解学生对知识掌握的水平，在课堂教学中实现了基于证据的教育新形态。通过教室内多种终端设备的无缝连接和智能化运用，打破了传统意义教室的黑板、讲台和时空概念，具备动态学习数据的采集和即时分析功能，实现了教与学的立体沟通与交流，使传统课堂发生了结构性变革。

促进合作学习。智能教室的环境是一个无线泛在的网络接入环境，学生可以利用无线终端进行互联，可以根据学习的需要进行小组讨论和合作学习，学习终端可以与交互显示终端进行连接，也可以与远程的学习者或专家进行互动。能在很大程度上满足小组合作学习对教室环境的新需求，为合作学习提供合适的学习任务，实时推送与学生认知发展相关的学习资源，支持学生与环境之间的互动交流和及时反馈，通过过程记录实现全过程、多维度和多主体的小组学习评价，提高学习的兴趣和主动性。

智慧教室具备"高度互动""协作学习""真实情境""开放性""交互性""灵活性""智能性""个性化""生态化"等关键特征。教学强调培养学习者解决问题的能力，通过创设虚实学习环境，因材施教，鼓励学习者深度互动、主动学习、积极反思，发挥自我、参与实践。同时智慧教室关注教学活动的主体，在技术的支撑下充分彰显人本的教育理念，设计方面主要体现为绿色环保、无障碍设计。另外，智慧教室还体现出以下几个特征："创新教学"，包括交互式课件，丰富的资源与工具，可自定义个性化教学流程。"移动授课"，教师大小屏远程同步操作，移动展台随拍随传，还可无线扩音。"高效反馈"，随堂快速出题、即时问答，实时反馈学习效果。"有趣互动"，随机抽问、多人抢答、多端同屏，强化课堂互动性。

（三）智慧教室的软硬件设备及功能

智慧教室作为创新教学模式，其强大的功能使课堂教学主体从教师向学生转移。其基于教学云平台服务，以学生学习终端为载体，帮助学生进行课前知识点自学，课后作业巩固，并在课中通过多屏互动、即时测评、资源共享等功能，实现教学全流程的即时反馈与学情数据采集分析，构建个性化智慧学习环境，真正提升学生学习成效。

智慧教室方案所提供的硬件设备及功能有以下方面。

1. 服务器

工业级电脑服务器，用于搭载系统后台服务，配置高、散热强、性能稳定。

2. 授课宝

同时具有无线扩音、移动展示、远程控制等方面的功能，可以拓展教师的授课空间。

3. 充电柜

支持多台智能终端（平板电脑）同时存储及充电。

4. 视频展台

支持高清动态画面的展示、自动对焦、激光十字辅助定位。

5. 交互智能白板

支持高清显示、多点触摸、电脑、电视、音响等多项功能，是智慧教室方案中的核心设备。

6. 学生智能终端

10 寸安卓学生平板，资源学习、学生屏幕推送书写批注、触摸点选等操作功能。

7. 智能笔

实现书写批注、触摸点选等交互智能平板快捷功能操作，辅助教师更高效地使用设备。

8. 智能系统录播硬件

互动录播一体机、教师计算机、学生摄影机、教师摄影机、无线麦克风及接收机、导播键盘、音箱、交换机、灯光系统、云服务器。可以实现多媒体教学功能、课堂教学实时录制功能、课堂教学实况直播功能。

智慧教室方案所提供的软件设备及功能有以下方面。

1. 白板软件

智能交互一体化白板，可实现备授课功能的统一融合，提供齐全的教学资源、仿真实验与试题库；具有丰富的教学工具；具备云端在线同步、分享与存储等功能。

2. 互动软件

同步显示、反馈测评数据、互动工具、课堂管理、自学辅助。如 Seewolink、SmartClass Teacher、HappyClass 软件等，实现手机答题、PPT 讲课等功能的"电脑 + 手机"同步授课、Seewolink 手机客户端提供移动端无线操作 PPT 演示、文件传输、实物拍照上传展示、触摸板控制；备授课功能一体化，降低老师学习成本；齐全的教学资源、仿真实验与试题库；丰富的教学工具，含不同学科主题及教具；便捷的云端在线同步、分享与存储。

3. 智能系统录播软件

实时直播、同步录制、在线点播、实时导播、自动跟踪、多方交互。采用标准流媒体文件格式 WMV/ASF，适合通用播放器或嵌入网页播放方式。

（1）手动录播方式：由管理人员在导播界面进行切换控制。

（2）全自动录播方式：与自动跟踪系统、自动切换系统无缝组合，实现全自动录播。多方交互功能，实现视音频画面、VGA画面的双向交流。低码流适合Internet传播，并且支持组播功能。通过IE浏览器就可以完全管理操作/使用系统所有的功能。远程导播技术、带有预监、特技、鼠标点击跟踪等多种功能。管理员通过远程导播管理界面，使用鼠标点击功能可实现远程控制摄像头跟踪拍摄。

（3）场景预置切换：预定义的全景、中景、特写等场景，快速切换场景。具有简易配置模式（高、中、低模式）和自定义参数模式，彰显人性化管理。系统实时将音视频、板书、教师机VGA画面、多媒体课件生成标准MPEG4/H.264流媒体文件。高清录播，1080P（1920×1080）；标清直播，720×576（PAL），并自动上传到资源发布平台上（课程中心），生成教学课件，同步实现在校园网或Internet上视频直播、点播。从而实现远程授课、听课、教学观摩、教学调研、微格教学、优质课评比等应用。

4. 无线互联

兼容手机设备，可以超过10米传输距离，支持大小屏课件同步显示和动控制播放，支持移动实物展台功能，支持无线传输到智能平板。

5. 班级优化大师

老师与家长均免费注册账号使用服务；老师可创建班级、添加学生、创建小组，并给学生或小组发送点评；老师可设置奖励或批评的类型与分值；老师可查看班级的报表及学生的报表，并邀请任课老师一起给学生发送点评。

6. 远程教学

影像、声音的多点实时互传；白板软件内的可进行双向交互操作；多媒体资料可共享。

（四）智慧教室环境下的课例实施

笔者所带领的研究团队最近两年针对智慧教室环境下的美术教学展开了一系列研究，充分利用智慧教室的多功能设备优化课堂教学，开发了基于网络环境下智慧课堂美术教学课例《当代艺术欣赏与创作》《家具艺术》《中国传统绘画的现代演绎——校园风景创意》等。三位教师完成了中国教师研修网高中美术信息技术与学科整合课程研发的十五门课程，例如，数字手绘平台在高中美术教学中的充分应用，借助 QQ 群实现交互式高中美术课堂，希沃电子白板环境下的高中美术教学等。

下面，以上海华东师范大学附属东昌中学程俊珠老师的《当代艺术欣赏与创作》一课为例具体介绍。

《当代艺术欣赏与创作》教学设计

东昌中学体艺组　　程俊珠

学习领域：欣赏评述

授课对象：高一（8）班

教学课时：第二课时

教学设计思想：

本课是以国家艺术（美术）课程标准为指导，以 2015 年 11 月版上海音乐出版社出版的《艺术》（高一年级第二学期）第 3 课《风格各异的现代绘画》作为切入口，结合 2009 年 5 月版上海书画出版社出版的《美术欣赏》（上册）第 12 课《无尽实验标新立异——当代西方艺术》开展教学，参考资料来源于《世界美术名作鉴赏辞典》《艺术与思想》《1945年以后的现代视觉艺术》等相关书籍。在高中美术教学中，当代艺术的教学历来都是较有难度的，由于当代艺术风格多元、形态多样，且涉及的社会背景与思想理论纷繁复杂，单是欣赏环节就已经让学生如在云里雾里，更何况是激发学生进行实践与创作。

经过初中及高中艺术（美术）课程的积累，学生对于西方经典艺术和现代艺术有了一定的认识，但是对于中西方当代艺术的认识只停留在初步欣赏阶段。程老师在高一年级的艺术（美术）课程安排中，加入当代艺术欣赏与创作的课程安排，目的是让学生能够感受当代艺术的表现手法与美学特征，并在教师的引导下，借助学校智慧课堂以及西沃白板技术加强交流互动学习，尝试以小组的方式模仿或创造当代艺术作品，体验美术创作带来的乐趣。

本单元课分为2课时，教学地点安排在学校的HappyClass（快乐课堂）智慧教室，借助网络环境和移动多媒体展开教学。经过一个多月的教学磨合，高一学生初步了解智慧教室的环境，大致会使用平板电脑，熟悉HappyClass智慧系统软件，会利用Seewo（希沃）白板的相关功能展示个人或小组的作品，乐于探索新的实践创作与展示交流方式。第一课时以鉴赏为主，通过学生自学与教师指导，了解当代艺术的基本特征，第二课时旨在前一节课的基础上，通过导入身边的当代艺术展览，深化学生对当代艺术的认识，激发学生的创作，通过有效的合作学习，体验当代艺术的创作乐趣，组织学生进行交流与评价，理解当代艺术的内涵及现实意义。本课为第二课时，重点放在学生对于当代艺术的实践与体验上，教师利用问题引导、合作学习与实践评价等策略，以期达到教学目标。

教学目标

知识与技能：进一步了解当代艺术的特点与表现手法。能够运用适当的表现手法进行构思，借助网络环境和 iPad 进行小组合作，呈现创意成果，尝试交流与评价。

过程与方法：能在教师设计的"温故知新—表现与创作—展示交流—小结拓展"四个教学环节中，借助多媒体技术，通过合作活动获得丰富的学习经验和审美体验，初步学会一些实用的探究方法。逐步养成良好的观察与创作习惯，能够积累并提炼生活素材，进行恰当的艺术化处理。运用 Seewolink 软件，乐于探索新的实践创作与展示交流方式。

情感态度与价值观：尝试通过共同实践的学习活动，学会与他人合作，尊重他人。通过艺术作品的赏析与创作，了解艺术、信息技术与社会发展之间的关系，培养创新与创造意识，以及多元文化与民族认同感。

教学重点与难点

重点：能够借助网络环境和 iPad 进行小组合作，适当的表现手法进行构思、合作，呈现创意成果。

难点：利用 Seewolink 软件的上传图片的功能，尝试交流与评价。

教学环境、学具、教具及座位准备

HappyClass 智慧教室、教案、多媒体课件、学生上节课学习资料、学习单，以及各种供师生现场实践使用的材料与工具。学生平板电脑准备。须提前一节课进行互动软件的调试。将课桌拼成六大桌，每桌可供 6~7 个学生使用。

教学过程（共四个教学环节）

教学环节	教师活动	学生活动	信息技术对教学的促进点
I 温故知新	①上节课作业回顾。（运用 Seewo 白板 3 软件的板书、线性思维图、批注、漫游等功能。） ②请学生概括当代艺术的特点或表现形式，补充并完善学生回答。 ③展示近期当代艺术展览的相关图片，引导学生进一步欣赏，了解创作的表现手法。（运用 Seewolink 软件的 PPT 播放功能） ④布置本节课任务。 ⑤分发学习单。	① 温故知新，欣赏、思考并回答问题。 ②明确本课学习任务，做好心理准备。（Happy class 互动软件中的教师提问功能）	PC1： Seewo 白板 3 软件的板书、线性思维图、批注、漫游等功能促使学生关注教师行为，提高自身注意力，引发思考。 Seewolink 软件的 PPT 播放功能允许教师离开触控电脑进行远距离操控，从而增进师生的互动性。 Happyclass 互动软件中的教师提问功能便捷有效地检测学习情况，快速反馈答题分析报表。 PC2：课题展示
II 表现与创作	①教师在现场选择适当的材料，邀请学生，即兴创意一个具有当代艺术特征的作品，解说创作意图。（运用 Seewolink 软件中的上传图片或视频功能） ②学生实践与体验。 a. 主题：结合我们当下的学习生活或社会热点，题目自定。 b. 要求：利用现场所提供的材料和工具，紧密结合主题，运用当代艺术的表现手法，在 10 分钟内，小组合作即兴创意一件作品，起个名字，并谈谈创作的意图。	①观看教师与同学的即兴创作，体会创作的基本方法，了解评价要点。 ②明确创作要求，按小组进行讨论，确定主题并进行创作。	PC3： Seewolink 软件中的上传图片或视频功能改变了以往教师在讲台前示范的方法，用此方法也可以表现创意的过程，拍照记录或拍视频记录皆可。

教学环节	教师活动	学生活动	信息技术对教学的促进点
Ⅲ 展示交流	①巡视小组合作情况，适当的引导与示范，激发学生创作热情。②组织学生进行展示交流。a. 作品名称是《　　　》。b. 作品运用了哪些当代艺术的表现手法（种类和形式），想要表达什么？c. 作品有什么独特或创新的地方？（可以从材料、题材、表现方式等方面分析。）d. 在整个作品的制作过程中，你们觉得哪个过程最为困难？是如何解决的？e. 这个作品给你（你们）什么样的启发？（Seewolink 中上传图片或视频的功能、计时工具）③师生互评。	①能够积极参与作品的创作过程，体验艺术创作的乐趣，在合作中引发共鸣。②各组派代表展示作品，交流心得，形成观点。③根据学习单自评与互评。（Seewolink 中上传图片或视频的功能）	PC3：Seewolink 中上传图片或视频的功能改变了以往学生在实物展台展示作品的传统方式，点击相关功能间还可以对于学生上传成功的作品进行强调和批注，从而实现学生自评与互评，且上传的学生作品自动保存在触控电脑的相应文件夹中，可以直接备案。PC3：Seewo 白板 3 软件中有个计时小工具，利用此工具限定创意的时间，活跃课堂气氛，增强学生参与实践活动的积极性。
Ⅳ 小结拓展	①展示一些相关的优秀作品或名人观点，联系课堂实际。②本课小结。（运用 Seewo 白板 3 的板书功能）③微课分享。（运用录播系统 VGA 视频功能）	①增强创新与创造意识。②增强合作意识，提升多元文化与民族认同感。	PC1：Seewo 白板 3 的板书功能具有毛笔效果，书写比较自然，展示原生态板书既视感。录播系统：课堂的录像中有 VGA 视频功能，可以直接制作微课，供学生进一步学习重难点。

附课堂教学照片（见图2-2）

图2-2　智慧课堂教学实践

课例点评（彭学军）

本课基于信息技术支撑下的教学亮点：

1. Seewo白板的交互性加强师生互动

a. 教师在课内运用Seewo白板3软件的板书、线性思维图、批注、漫游等交互性功能，加强师生互动。比如，在回顾环节，教师引导学生复习当代艺术的特点时，就用了批注、漫游等功能，促使学生关注教师行为，以引起学生的注意力。在提炼总结当代艺术的特点时，教师运用了板书功能，字的颜色可以随时变换，非常醒目。板书功能具有毛笔效果，书写比较自然。

b. 教师运用线性思维导图进行上节课作业的回顾。展示学生上节课用iPad搜集的作品，组织学生交流讨论。这个软件是Seewo白板中用来编辑图片的，一条线上有好几个结点，分别插入学生的作业，可以放大缩小，非常智能。

c. 教师运用 Seewolink 软件的 PPT 播放功能，允许教师离开触控电脑进行远距离操控，从而增进师生的互动性。比如教师带领学生在欣赏 2016 上海蓬皮杜现代大师艺术展时，引导学生重点赏析一件 1970 年的现成品雕塑《绳》，教师抱着 iPad 直接在学生中间讲课，随时观察学生，边走边聊，气氛轻松，加强互动。

d. 在实践体验环节，教师布置任务：要求学生在 10 分钟内，小组合作即兴创意一件当代艺术作品，起个名字，并谈谈创作的意图。在这个环节，教师用到了 Seewo 白板 3 软件中的计时小工具，利用此工具限定创意的时间，活跃课堂气氛，增强学生参与实践活动的积极性。

由此可见，教师在本节课中充分使用 Seewo 白板的各种功能，利用其强大的交互性加强师生的互动。优化教学效果。

2. iPad 的使用加强自主探究，优化展示评价

在智慧课堂里，iPad 的使用是贯穿始终的，它的强大功能在移动多媒体环境下的教学中起到关键作用。学生在第一课时就已经使用 iPad 工具在课堂里上网查找当代艺术的概念、种类、特点以及中西方代表艺术家及作品。本课的新授部分，教师利用 iPad 带领学生赏析各种艺术展、回答教师的提问、创作的作品拍照上传等。iPad 的使用加强了学生的自主探究，优化了展示评价。

3. VGA 视频功能直接录制微课，保存资源

VGA 视频功能可以直接将教师的授课录制成微课，及时保存资源，提供给学生课外反复观看学习，方便学生突破教学重难点。

4. HappyClass 智慧课堂呈现多元优势

a. Happyclass 互动软件中的教师提问功能可以便捷有效地检测学习情况，快速反馈答题分析报表。例如，教师通过提问功能发送给学生一道选择题"我们在欣赏与创作当代艺术作品的时候，除了具备一定的美术常识和主流审美意识之外，还需要什么能力?"，让学生马上作答，限时 10 秒钟，教师马上统计结果。互动性强，激发了学生的学习兴趣。

b. Happyclass 智慧课堂，由电子白板、平板电脑、录播系统等先进的技术手段共同组成，和传统课堂相比，呈现出明显的优势：打造了个性化的学习，促进了学生的自主探究，加强了分享交流，促进小组合作，优化了展示评价，并且能够及时保留学生课堂交流和互动的数据，并直接导出，无须重复拍照备案。实现了移动环境和网络环境下的高中美术优质教学，呈现了多元优势。提升了教学目标，优化了教学效果。

教学建议：

a. 利用 Seewolink 自动备份功能导出数据，收交作业。

b. 借助班网、校网、QQ 相册、社交平台等加强展示。

c. 使用问卷星，扫二维码，加强评价。

从以上案例可以看出，该教师已经能够比较熟练地运用智慧教室的环境和设备为自己的教学服务。和传统教学相比，由于使用了 HappyClass、Seewo 等互动软件，很好地实现了交互式课堂。iPad 的使用，是移动多媒体教学环境下的重点和亮点，可以实现即时的操作和沟通。新颖的教学形式给学生带来了新鲜感，激发了学习兴趣，提高了教学效率。

二、利用校园网平台构建网络学习空间

笔者利用所在学校的校园网平台构建网络学习空间，展现师生在课堂教学中如何充分利用数字教育资源、学科软件与网络教学平台的支持，开展不受时空限制的教与学的信息化教学活动，以体现学习环境的跨时空性、学习内容的动态组织性及个体适应性、学习资源的共享性、呈现方式的多样性、学习形式的自主性和灵活性等。研究网络背景下教育时空、教育内容、教育方式、教育评价等各方面发生的变化。

（一）洋泾中学校园网络学习平台概述

上海市洋泾中学校园网络平台是由学校信息部主任李志平老师领衔开发设计的，名称是《网络学案管理》平台。2012 年研发成功，投入使用。

1. 平台开发目标

（1）总目标。

应用信息技术手段，对"课中"教学进行前沿和后续，密切课前、课中、课后的联系，拓宽实现"课前、课中、课后一体化循环教学"模式的手段。

（2）分目标。

a. 帮助教师通过网络，以数字化学案（包括文本、图片、微视频）的形式引导学生开展课前预习和课后复习。

b. 帮助教师发现、搜集、提炼学生在课前预习和课后复习活动出现的问题和所做出的思考。

c. 拓宽实现"生生互助"教学形态的手段。

d. 为"数字化"学案的集体开发与循环利用提供机制。

2. 主要功能模块

(1) 教师端。

a. 我的学案管理——上传、发布个人学案,查阅、回复同伴、学生提问;收集学生课前、课后上传的资料。

b. 同伴学案查询——查阅同伴学案,参与同伴学案讨论。

c. 当前学生自评反馈——查询学生最近(最新)课程学习的自我评价。

d. 学生自评查询与自评课程设置——查询学生课程学习自评的历史记录;设置当前需要学生自评的课程。

(2) 学生端。

a. 当前学案——根据教师当前发布的学案开展课前预习或课后复习;学习的形式包括阅读教师提供的阅读材料、观看微视频、回答教师或同学提问、向教师或同学提问、按教师要求提交相关资料;主要应用于当前课程的预习或复习。

b. 所有学案——根据教师已经发布的学案开展课前预习或课后复习。学习的形式包括阅读教师提供的阅读材料、观看微视频、回答教师或同学提问、向教师或同学提问、按教师要求提交相关资料;主要应用于所有课程的课前或课后系统性预习或复习,如假期里长时间的预习或复习。

c. 课后自评——完成课程学习情况的自我评价。

（3）管理端。

a. 学生自评方案管理——教科研室制定并导入学生自评方案。

b. 学案统计——教务处统计各学科及教师个人的学案开发情况。

3. 平台应用流程（见图2-3）

（1）教师准备学案

步骤	执行人	任务
1	执教者	登录校园网—我的专业成长袋—网上学习管理—我的学案管理，上传学院。
2	同伴	登录校园网—我的专业成长袋—网上学习管理—同伴学案查询，进入"主题研讨"和"资源搜集"页面，查阅并参与同伴学案研讨。
3	执教者	登录校园网—我的专业成长袋—网上学习管理—我的学案管理，编辑、整理、发布学案，即将预习案设置为"当"前状态。

（2）学生课前预习（课后温习）

步骤	执行人	任务
1	学生	登录校园网—网上学习空间—课后自评，完成相应课程的课后自评。
2	执教者	登录校园网—我的专业成长袋—网上学习管理—当前学生自评反馈，查阅学生最近的课后自评。
		登录校园网—我的专业成长袋—网上学习管理—学生自评查询及自评课程设置，查阅所有已开展过课后自评活动的学生自评信息；设置要开展自评活动的课程（一般情况下，系统会自动设置）。

（3）课上资源应用

步骤	执行人	任务
1	学生	登录校园网—网上学习空间—课前预习—当前预习案，选择相应预习案，根据要求完成"主题讨论"和"资源搜集"
		学有余力的同学可利用"所以预习案"进行提前学习。
	执教者	登录校园网—我的专业成长袋—网上学习管理—我的学案管理，进入"主题研讨"和"资源搜集"页面，了解、引导学生预习。

（4）课后学生自评

步骤	执行人	任务
1	执教者	登录校园网—我的专业成长袋—我的学案管理，选择相应的预习案，进入"主题研讨"和"资源搜集"页面，开展教学。
	学生	登录校园网—网上学习空间—课前预习—当前预习案，选择相应预习案，进入"主题研讨"和"资源搜集"页面，参与教学。

图 2－3　平台应用流程

（二）校园网络平台在高中美术教学中的特点及优势

1. 实现 O2O 混合式教学模式

"O2O"是"Online To Offline"的简写，即"线上到线下"。混合式学习是由传统课堂转变而来的整合了各种灵活的教学方式的学习范式。它主张把传统教学的优势和数字化教学的优势结合起来，二者优势互补，从而获得更佳的教学效果。

在线教育几十年的发展表明，单纯的在线教育无法全面替代线下的学校教育。同时，传统教育也必须采用新技术、新思维以符合互联网时代的教育需求。O2O 混合式教育是新型的、基于互联网的教学模式，既充分发挥在线教育中学生作为教学过程主体的自主性、创造性，又结合传统教育中教师所具有的组织、监控、评价教学过程的引导作用。

网络资源建设是面授教学必不可少的补充和延伸。构建校园网络学习平台，可以与教学内容深度融合，创造良好的网络学习环境。

例如，利用校园网络平台，笔者开发了 4 节高中美术探究性课程。它们分别是《欢庆元宵》《唐代美术探究》《中国古代建筑》《Hello，蒙德里安》，这些课例都采用的 O2O 混合式教学模式。教师一般会设定几个教学环节，实现课内外一体化的教学大循环。

比如《欢庆元宵》一课，第一个教学环节：课前，教师发布相关的学习主题和学习内容，并且发布若干讨论题供学生课前完成。教师发布的讨论题有：（1）你了解元宵节吗？能否向大家简单介绍一下？（2）关于元宵节的起源传说，你知道哪些？（3）元宵节有哪些民族习俗呢？能否和大家分享 1—2 个例子。（4）你知道和元宵节相关的文学作品吗？如诗句等。能否列举 1—2 个并解释。（5）你知道和元宵节相关的音乐、美术等艺术作品吗？能否举例和同学分享？学生课前通过查找相关资料获取答案，有不明白的知识点也可以发起讨论。

第二个教学环节：课中，教师针对学生的提问重点讲解，并发动学生共同参与讨论。学生分成小组，以 PPT 的形式和大家分享各自研究的成果，其他学生可以提问，互动交流。

第三个教学环节：羊年灯笼设计。教师展示大量的灯笼图片，让学生观察灯笼的立体结构，又展示各种羊的造型图片，给学生的创意设计提供依据。学生通过参考资料，认真构思，设计出可爱的羊年灯笼。

第四个教学环节：绘制灯笼、团扇。要求在彩色灯笼和空白扇子上表现和元宵节相关的绘画、书法等内容。这个环节是本单元课的亮点，深受学生喜爱。有些学生课内来不及画完，一吃完午饭就来到美术教室抢占位置，一派热闹场景。通过大家努力，作品的数量和质量令人赞叹！这段时间恰逢美国学生来我校访学，在我们的艺术课中，他们也参与了团扇的绘制。美国学生从来没有接触过团扇，能够亲手在上面画画他们显得很兴奋。和国内孩子不同的是，他们表现得更加自信，教师提供的样例他们只是略微参考，更多的是自己大胆的创意，随心所欲。他们通过绘制团扇了解了中国的文化，饶有兴趣。

第五个教学环节：根据元宵节古诗词意境进行配画。既锻炼了学生的古诗解读能力，也锻炼了学生的画面组织能力以及表达能力，提高了美术与语文整合学习的能力，实现跨学科教学的可能。

第六个教学环节：课后成果展示评价。3 月 5 日元宵节这天，美术课内学生绘制的团扇灯笼全部由学生会干事布置在学校 7#底楼展厅，那一天真可谓张灯结彩、热闹非凡！吸引了众多师生前往观摩，形成了元宵佳节一道亮丽的校园风景线。当天，学校的微信平台也做了相应的报道，图文并茂。

第七个教学环节：网络学习，深入探究。通过之前的几个学习环节，学生加强了体验，对本课题又有了更深入的思考和感悟，有些学生在校园网学习平台发出新的学习研讨主题。比如，徐××同学发帖：推荐几个元宵节英文祝福语吧。有六位学生马上跟帖回应。周××同学则原创诗一首，求大家评论。

第八个教学环节：小结提升，撰写体会。课后，教师引导学生对本单元课的学习进行回顾和小结："通过本课的学习，你有哪些收获？给你印象最深刻的是哪个环节？"学生撰写学习体会。从学生的小结体会来看，大家对古诗配画环节普遍认同度高，印象深刻。这出乎教师的意料，因为此环节是本课的教学难点，是之前教师最没有把握、心里最没底的环节。但是通过大胆实践，顺利突破了本课的教学重点，解决了教学难点（见图2-4）。

绘制灯笼

美国学生绘制团扇

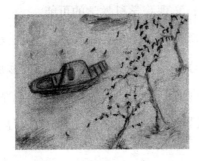

古诗配画

成果展示评价

图2-4 欢庆元宵之课堂实践

从本课例可以看出，第一、第六、第七教学环节是线上教学，第二、第三、第四、第五、第六、第八是线下教学，其中，第六环节包含了线上和线下相结合的教学方式。O2O 混合式教学模式，充分利用了网络在线教学的丰富性、便捷性等优势，既可以发挥教师的主导作用，同时又发挥学生的主体性作用，大大提高了学生的学习效率，优化了学习效果。

2. 突破了教学时空

目前短短 40 分钟的课时设置让我们的美术鉴赏课遭遇尴尬，常常是鉴赏活动进行到一半，学生的思维刚刚擦出火花，下课铃声就响了，只得扫兴而归。一周以后重新回到课堂，再也无法顺利地延续上节课的学习状态，导致美术课堂学习断层，支离破碎，不能深入。教学的空间也往往局限于教室，很难有拓展的机会。

依托校园网络学习平台的"信息时空"，跃出了物理时空的框架，实现了"时空再造"，信息时空的利用让学习者能赢得更有效的时间，占据更有利的空间。教育时空的开放性，突破了传统教育固定、封闭的时空局限性，为学习者创造了前所未有的便利条件。学生可以在任何时间、任何地点、根据自己的意愿选择需要的学习内容和学习方式。可以获取更多的学习资料，可以方便地与教师、学习伙伴进行异地沟通交流，充分体现出高中美术教学的协作探究。

课前，教师将学习内容和讨论题发布于校园网平台，学生进行预习。通过课中的研讨学习，学生对知识有了新的感悟，产生新的问题。课后，同学们再次登录校园网平台，就某些细节问题进一步深入研讨。除了针对老师提的问题进行讨论外，有学生将自己产生的新疑问发布到网上，很快就有其他同学参与回答，研讨一直持续着，甚至在课程学习结束后很久还有人回帖。还有个别学生利用寒暑假时间参与网络学习。

同时，校园网络学习平台打破了班级授课制局限，扩大了共享空间。长期以来，中小学校教育都是以班级授课制形式存在，一个班级学生数额通常在35—45人之间，每天都是固定的学伴在一起学习交流，思维难免受到局限。借用网络平台学习后，学生可以突破班级制的限制，互动交流的人数从一个班40多人增加到一个年级500人左右，大家可以选择自己感兴趣的问题参与研讨，也可以发起讨论，众多人的思维碰撞擦出的火花，力量是强大的。

例如，在《唐代美术探究》单元课教学中，教师在校园网络学习平台留了15道题目供学生课前预习，例如：（1）你喜欢《步辇图》吗？为什么？（2）《簪花仕女图》和《捣练图》有何艺术特色？你更喜欢哪一幅？（3）吴道子的绘画有何特点？试分析他的任一绘画作品……学生纷纷跟帖回复。通过课中的交流互动，同学们又有了新的想法，高二（2）班的陆××同学产生了一个疑问，于是他上网发起讨论："唐代建筑相较于前朝（夏、商、周、秦、汉）建筑而言有何特别之处？"隔了几天，高二（10）班的秦××同学上网回复："规模宏大、规划严整，设计施工水平较前朝大幅提高。这个也和唐代的国力强盛有关。唐代时多建筑群，木建筑达到顶峰；砖石建筑相比前朝也有进步。唐代建筑气魄宏伟、严整开朗、气势磅礴，形体俊美、庄重大方，整齐而不呆板，华美而不纤巧，舒展而不张扬，古朴却富有活力，也展现了唐朝开放超前的思想与多元文化碰撞与融合的成果，这是前朝建筑所不能比拟的。"

……

同学们对这种网络学习的方式表现出极大的热情，一个月的时间，本课程的浏览次数达到 2053 次，讨论主题达到 41 次，主题回复有 226 条。有的同学参与的次数超过三次以上，大大提高了教学效率（见图 2-5）。

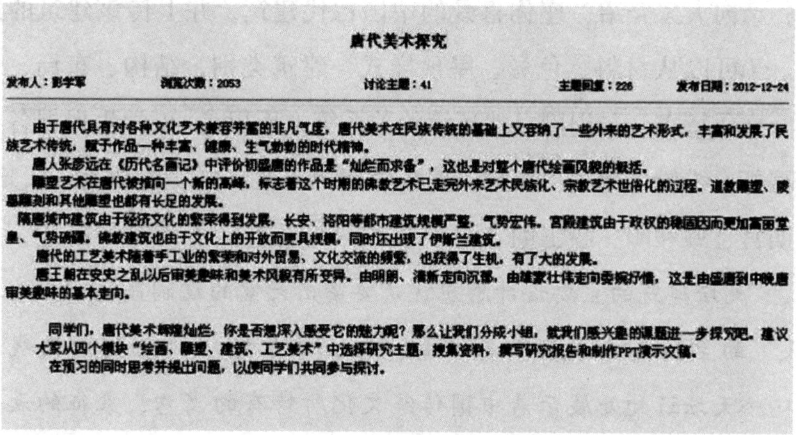

唐代美术探究

| 发布人：彭学军 | 浏览次数：2053 | 讨论主题：41 | 主题回复：226 | 发布日期：2012-12-24 |

由于唐代具有对各种文化艺术兼容并蓄的非凡气度，唐代美术在民族传统的基础上又容纳了一些外来的艺术形式，丰富和发展了民族艺术传统，赋予作品一种丰富、健康、生气勃勃的时代精神。
唐人张彦远在《历代名画记》中评价初盛唐的作品是"灿烂而求备"，这也是对整个唐代绘画风貌的概括。
雕塑艺术在唐代被推向一个新的高峰，标志着这个时期的佛教艺术已走完外来艺术民族化、宗教艺术世俗化的过程。道教雕塑、陵墓雕刻和其他雕塑也都有长足的发展。
隋唐城市建筑由于经济文化的繁荣得到发展，长安、洛阳等都市建筑规模严整，气势宏伟。宫廷建筑由于政权的稳固因而更加富丽堂皇、气势磅礴。佛教建筑也由于文化上的开放而更具规模，同时还出现了伊斯兰建筑。
唐代的工艺美术随着手工业的繁荣和对外贸易，文化交流的频繁，也获得了生机，有了大的发展。
唐王朝在安史之乱以后审美趣味和美术风貌有所变异。由明朗、清新走向沉郁，由雄豪壮伟走向委婉舒慢，这是由盛唐到中晚唐审美趣味的基本走向。

　　同学们，唐代美术辉煌灿烂，你是否想深入感受它的魅力呢？那么让我们分成小组，就我们感兴趣的课题进一步探究吧。建议大家从四个模块"绘画、雕塑、建筑、工艺美术"中选择研究主题，搜集资料，撰写研究报告和制作 PPT 演示文稿。
　　在预习的同时思考并提出问题，以便同学们共同参与探讨。

图 2-5　唐代美术探究之网络学习

通过实践探索，笔者发现基于校网络平台的高中美术学习在时间和空间上有了更大自由，在深度和广度上有了更大突破，摆脱了 40 分钟短课时的束缚，为课堂松绑，这样的学习方式打破了课内的框架，将高中美术课堂教学向课外无限延伸，使高中美术教学形成课内外一体化的良性大循环。

3. 便于学生自主探究

学生以在教学资源平台上自主学习为主。强调"以人为本""以学习者为中心"的学习思想，强调学生是信息获得的主体，强调对学生认知水平和认知能力的培养，重视学习者的主体性认知，教师是策划者、引领者、推动者。

校园网络教学形式包括课程导学、PPT 课件、学生交流、完成作业、作品展示、在线评价等。其中很多环节都是学生自主学习为主，比如课程导学、交流、创意作业、在线展评等。

《中国古代建筑》单元课中，教师发布了若干讨论题，有一题是：请向大家介绍一座你喜爱的中国古代建筑，并上传该建筑的照片。（可以从材料、色彩、屋顶样式、建筑类别、结构、布局、装饰、文化特点、与周围自然环境的关系等方面思考。）学生根据各自的喜好，纷纷上网自主探究，搜集的建筑丰富多样，有故宫、天坛、大明宫、颐和园、滕王阁、岳阳楼等，并且进行了文字的描述，例如，"天坛建筑的主要设计思想就是要突出天空的辽阔高远，以表现'天'的至高无上。在布局方面，内坛位于外坛的南北中轴线以东……天坛还处处展示着中国传统文化所特有的寓意、象征的表现手法。北圆南方的坛墙和圆形建筑搭配方形外墙的设计，都寓意着传统的'天圆地方'的宇宙观……"

《欢庆元宵》单元课中，有不少学生借助校园网平台深入探究，提出一些有深度的问题供大家研讨，例如，"为什么元宵节越来越没有节日的味道了呢？"同学们纷纷参与积极研讨"QQ、微信、淘宝这类网络红包太火，元宵节气氛都融入虚拟世界去了，现实自然就冷清了……""在过去，没有网络的干扰，没有高速度的生活节奏，有的仅有家人之间其乐融融的氛围。而在现在，有了很多干扰因素，因此大家都没有时间聚在一起。""现代人对于元宵节的观念已经越来越少了，事实上很多年轻人都已经不会揉面团做汤圆了，要反思……"学生的思维火花被激活，研讨氛围极好，充分展现了高中学生积极主动探究的能力。

4. 凸显个性化学习

2012 年，美国在《通过教育数据挖掘和学习分析促进教与学》报告中指出，"在大数据与云计算支持下，国际信息教育技术发展的核心趋势是个性化学习"。

工业时代的教育考虑学生的个性不够，对一个班级四五十名学生，用统一的标准、统一的内容、统一的进度进行讲授，不符合学生个性化成长的规律。利用校园网平台的网络学习可以破除传统教育"班级授课制""标准化生产"的弊端，真正实现个性化的学习服务。实施个性化教育，要在教学内容、方法、手段和组织形式等各方面进行深刻的变革，改变统一化和单一化教学模式。要对教学情景进行个性化设计，组织个性化的学习活动，以满足学生个性化、多样化的需要。

高中学生有自己独特的见解，很多学生的网络研讨颇具个性，已经具备思辨的可贵精神，如《唐代美术探究》一课中，有如下精彩表现。

（1）你喜欢《步辇图》吗？为什么？

我喜欢。但是我更喜欢没有被修复之前的版本。陕西省美术家协会老画家宁恩宝致电上海东方早报记者，称他发现故宫在修复唐代阎立本的《步辇图》过程中，抹去了唐太宗右手和手中所攥的一个白布袋，宫女的手变成了一段袖筒。而这一"由于修复不慎造成的错误"后来又在《步辇图》于上海、沈阳等地各大博物馆的巡回展览和几乎所有该图的复制版本中被保留，作为标准版本在全球发行，对古图的历史原貌起了巨大的干扰和覆盖作用。这些关键细节的修复导致真实性的缺失，实为一大憾事！"

作者：杨×同学　　　日期：2013 - 01 - 07 13：12：56

（2）《簪花仕女图》和《捣练图》有何艺术特色？你更喜欢哪一幅？

觉得《簪花仕女图》笔韵比较质朴，整体感觉淡雅，而《捣练图》却是工笔重彩，画面艳丽，更加生动，感觉里面忙忙碌碌的女子更加充实，画面布局也更加紧致，不显得空旷，个人更喜欢《捣练图》。《簪花仕女图》中的女子感觉较为松散，虽然笑着，却不充实，画面细致，但是并不能激起我的喜悦之感，有些孤寂空洞，不如劳动中的女子有活力，令人觉得快乐。古代女子的服饰是否有身份的差别体现？画中女子身份不同，可是衣服却类似？

作者：吴××同学　　　日期：2013 - 01 - 02 19：38：16

网络所具有的分布式特点和强大的交互性为个性化学习提供了技术上的可行性，让学习者无论何时、无论何地都可以学习，让碎片化的时间得到充分利用，可重看，可暂停，使得每个学习者都能沿着符合个性化特征的路径成长，得到充分、有效地发展。

5. 评价方式多元化

传统教育对学习的评价，适应"班级授课""课堂教学"模式，主要采取课程的作业和考试的方式进行，评判的标准主要是学生掌握知识技能的数量水平，对学生的学习过程、学习活动中的创新行为、创新能力难以评价。"互联网＋"时代，教育时空、教育内容、教育方式等各方面的变化，使传统的评价体系已不能适应新的需要。校园网络学习平台改变了传统的教育评价方式，通过网络化教学和学习系统的开发应用，可以方便地实现对教学过程、学习行为数据进行记录，学生在课程结束后，分别从"听课情况、发言情况、合作学习情况、课后作业情况"四个指标，完成课后自评。教师通过网上学习管理——学生自评查询及自评课程设置，查阅所有已开展过课后自评活动的学生自评信息。利用校园网，我们经常进行成果展评活动，举办网上画展，接受全校师生、家长、社会人士的欣赏评价，也让学生享受到成功的快乐。

例如，《唐代美术探究》单元课，在实践体验环节，有两个活动设计，一是要求学生借鉴唐代美术作品重新建构，以绘画的形式来表达自己对唐代美术的理解。二是要求学生以文字的表述方式表达自己对唐代美术的理解。建议学生的绘画形式有：钢笔画、毛笔画、铅笔画、蜡笔刻线法、拼贴法等。启发学生根据所要表达的内容选择相应的绘画方法，尽量要表现出唐代美术古朴厚重的感觉。学生参考的内容各式各样，有《簪花仕女图》《捣练图》《卢舍那大佛》《五牛图》等，通过添加、组合等创意行为，形成了独具个人风格的艺术作品，别有一番风味，并且在画作下面写下了创作思路。比如高二（4）班周××同学画了一组静物，她写道：我画的是一个唐代的陶罐，它具有对称的美感，用中间大面积涂色来突出这个物体，用点的稀疏来使它的花纹有渐变效果。在陶罐的周围增加向日葵和波纹等装饰，让它有古代和现代的对比。

高二（9）班王××同学写道：我画的是卢舍那大佛，比较雄伟逼真，由于阳光的反射，会形成阴影，有黑白交替，借用这个效果和灵感画下比较写实的大佛像。同班同学李×对这幅作品进行了评价：唐代是造像黄金时期，具有独特艺术魅力。王××画的这件唐代佛像，造型体态丰肥、头部略大，面相丰满，衣服上有许多衣纹，表现出唐代美术继承六朝绘画的良好传统；统治者的开明政策，在安定繁荣的情况下有了很大的发展。教师也对这件作品进行了点评，除了优点之外，提出了进一步改进建议，如线条的处理还可以更为圆润柔美、考虑适当增加灰调子等，以求更趋完美。

同学们呈现出的作品令人惊讶，有时候同样一个对象，在他们的笔下表现出来的却是完全不一样的风格。通过多元评价，同学们对自己学习过程和学习结果的优点及不足，有了更为深入地了解，为后续的改进明确了目标。

6. 实现了翻转课堂

借助校园网络学习平台，实现翻转课堂。翻转课堂的核心是把知识传授的过程放在课外，把知识内化的过程放在教室内。课前教师提供学习资料，学生上网预习，回复教师提出的问题，不明白的可以追加提问，学生之间可以互相解答。课内分享交流各自的研究，针对新的问题深入讨论，教师参与学生的讨论，帮助解答。并且进行课内练习，巩固知识点的学习。课后继续深入进行网络研讨。

比如《Hello，蒙德里安》一课，教师课前在校园网提供微课，发布学习主题和内容，提出四条主题讨论，要求学生课前预习并回复，分别是：（1）蒙德里安的作品曾经经历过哪几个时期？受到过哪些艺术家及艺术流派的影响？分别有什么特点？（2）蒙德里安的冷抽象作品对现当代的艺术及设计产生了深远的影响，你能上传作品，举例说明吗？（3）能否和大家分享一幅蒙德里安的作品，上传在此，并且介绍。（4）你在学习的过程中，有产生新的问题吗？请发起讨论，和大家交流。教师及时批阅学生的预习作业，并做记录。

课中交流环节，针对四条主题讨论，分别请预习做得较好的学生和大家交流，学生提出的部分问题，也在课内进行讨论，教师参与学生的交流讨论并梳理和解答。作业练习环节，教师借助 photoshop 软件，让学生挪用蒙德里安的红黄蓝格子抽象画进行创作，表达自己的思想情感，以巩固知识点的学习，提升教学目标。课后，教师组织学生参与多元化的展评。分别从"听课情况、发言情况、合作学习情况、课后作业情况"四个指标，完成课后自评；教师通过网上学习管理——学生自评查询及自评课程设置，查阅所有已开展过课后自评活动的学生自评信息；举办网上画展，邀请全校师生观摩点评；以微信推送的方式展评。

本课借助校园网络平台，成功地实现了翻转课堂，完成课内外一体化大循环的体验流程。

（三）小结和展望

上海市洋泾中学利用校园网平台构建高中美术网络学习空间的做法，在"互联网＋"时代的当下，呈现出明显的教学优势。打造了 O2O 混合式教学模式，突破了教学时空，便于学生自主探究，凸显个性化学习，实现了评价方式的多元化，和教学内容深度融合。打破了课内外的框架，将高中美术课堂教学向课外无限延伸，成功地实现了翻转课堂，使高中美术教学形成课内外一体化的良性大循环。

"互联网＋"时代的学生是"数字土著"，手机、电脑、网络是其数字化的生存方式，他们的兴趣习惯、学习方式、思维模式已经完全异于原先的学生。因此，"互联网＋"时代的教师要更新自己的教学观念、师生观念，倡导更加开放的教学观念、平等对话和互利共生的师生关系，让自己的观念与时俱进，让多元融合教学模式成为"互联网＋"教育的新常态。

思考题：

（1）在你的日常美术教学中，使用比较多的多媒体教学环境是哪一种呢？实践下来有哪些心得体会呢？能否和大家分享交流？

（2）你对洋泾中学校园网络学习平台的实施有所了解吗？你觉得网络或移动多媒体环境下的美术教学对优化教学效果帮助大吗？

第三章

基于微课与慕课的美术教学

第一节　基于微课的美术教学

新媒体视域下，移动互联网和移动终端设备的逐渐普及使得人们的信息获取方式产生了相应变化，学习者的时间经常被切割为越来越小的时间段，出现了"碎片化学习"方式。微博、微信、微电影、微小说等微文化纷纷诞生，当下的中国已经进入"微时代"。另外，视频摄制的技术和时间成本不断降低，使得教育者能够随时随地方便地制作教学视频，在这些时代背景因素的影响下，微课（Micro – lecture）便应运而生。

一、微课的起源

微课起源于美国，有一个人值得我们关注，他就是可汗学院（Khan Academy）的创始人萨尔曼·可汗，他聪明过人，被比尔·盖茨（Bill Gates）称为智商 160，自小课业优异，就读麻省理工学院后，获得了数学学士、计算机学士和计算机硕士学位，此后又获得了哈佛大学的工商管理硕士学位。毕业后他进入金融业，成为一名对冲基金分析师。①

2004 年 8 月，萨尔曼·可汗为帮助其表妹纳迪亚解决学习数学过程中的困难，起初他利用雅虎通的涂鸦功能来图解数学概念，然后他编写代码，出一些练习题，让纳迪亚在网上练习，以检查学习效果，在可汗的帮助下，纳迪亚的数学进步神速，她的弟弟阿尔曼和阿里也要求可汗做他们的家教辅导。随后，他们又带来了一些朋友，需要可汗帮助的孩子越来越多，根据这一实际需要，可汗开始将很多概念做成"模块"，并建立数据库，以便跟踪了解每一个孩子的学习进度。由于雅虎通无法让很多观众同时观看，于是可汗开始制作教学视频，并上传到 YouTube 网站上。每段录像约 10 分钟，包含两部分：黑板上的草图和画外音，对一些概念进行讲解。②

2006 年 11 月 16 日，可汗发布了第一段视频，解释最小公倍数的基本概念。很快，其他学生包括一些成年人，开始搜索和观看他的视频，并给他留言，感谢他拯救了自己的数学学业③。2007 年，可汗建立了一个非营利的在线"可汗学院"（www. khanacademy. org），把他的讲课视频都放在了这个网站上。

2009 年，可汗干脆辞掉了对冲基金分析师的工作，全身心投入

① 胥果. 可汗学院对我国中小学视频课程建设的启示［J］. 湖北：软件导刊，2013（5）.
② 官芹芳. 可汗学院翻转课堂［J］. 上海：上海教育，2012（17）.
③ 胥果. 可汗学院对我国中小学视频课程建设的启示［J］. 湖北：软件导刊，2013（5）.

到可汗学院的建设中。萨尔曼·可汗翻转了美国的教育，2010 年美国中小学校开展可汉学院课程的"翻转课堂"实验。

2012 年萨尔曼·可汗被美国时代周刊评选为年度 100 位最有影响力人物。比尔·盖茨在推荐信里写道："就像很多伟大的革新者一样，萨尔曼·可汗原先并不打算改变世界，他只是试图帮助在美国另一头的中学生表妹辅导代数课。"① 如今，他俨然已成为网络数学"教父"。

2013 年 2 月 26 日的《中国教育报》上刊登了这样一篇文章："一个人的网络教学震动了世界——这就是萨尔曼·可汗和他创办的可汗学院"。

二、微课的概念

"微课"（Micro–lecture），是指教师在课堂教学过程中围绕某个知识点或核心内容（教学重难点）而设计开发的微型教学视频，同时还包含与该教学主题相关的教学设计、教学课件、教学素材、教学反思、练习测试、学生反馈、教师评价等教学资源。其短小精悍，一般不超过 10 分钟。

众多教育技术学界的专家学者、教育企业及教育行政部门的微课活动都对"微课"给出了定义，下面罗列部分常见的、流行的微课定义。

胡铁生（2011）：微课是根据新课程标准和课堂教学实际，以教学视频为主记录教师课堂教学中针对某个知识点的教学环节，而开

_____

① 官芹芳. 可汗学院翻转课堂［J］. 上海：上海教育，2012（17）.

展的精彩教与学活动中所需各种教学资源的结合体。

教育部教育管理信息中心（2012）："微课"全称"微型视频课程"，它是以教学视频为主要呈现方式，围绕学科知识点、例题习题、疑难问题、实验操作等进行的教学过程及相关资源的有机结合体。

胡铁生（2012）：微课又名微型课程，是基于学科知识点而构建、生成的新型网络课程资源。微课以"微视频"为核心，包含与教学相配套的"微教案""微练习""微课件""微反思"及"微点评"等支持性和扩展性资源，从而形成一个半结构化、网页化、开放性、情景化的资源动态生成与交互教学应用环境。

"凤凰微课"（2012）：微课，它是一个微小的课程教学应用，是一种以 5~10 分钟甚至更短时长为单位的微型课程。它以视频为主要载体，特别适宜与智能手机、平板电脑等移动设备相结合，为大众提供碎片化、移动化的网络学习新体验。

胡铁生（2013）：微课又名微课程，它是以微型教学视频为主要载体，针对某个学科知识点（如重点、难点、疑点、考点等）或教学环节（如学习活动、主题、实验、任务等）而设计开发的一种情景化、支持多种学习方式的新型在线网络视频课程。

焦建利（2013）：微课是以阐释某一知识点为目标，以短小精悍的在线视频为表现形式，以学习或教学应用为目的的在线教学视频。

黎加厚（2013）："微课程"是指时间在 10 分钟以内，有明确的教学目标，内容短小，集中说明一个问题的小课程。

张一春（2013）：微课是指使学习者自主学习获得最佳效果，经过精心的信息化教学设计，以流媒体形式展示的围绕某个知识点或教学环节开展的简短、完整的教学活动。

郑小军（2013）：微课是为支持翻转学习、混合学习、移动学习、碎片化学习等多种学习方式，以短小精悍的微型教学视频为主要载体，针对某个学科知识点或教学环节而精心设计开发的一种情境化、趣味性、可视化的数字化学习资源包。

吴秉健（2013）：为了满足个性化学习差异的需要，以分享知识和技能为目的，师生都可以通过录制增强学习实境、实现语义互联的简短视频或动画（可附相关的学习任务清单和小测验等）制作，它们又能成为被学习者定制和嵌入的资源分享内容。

三、微课的特征

微课视频具有"短小精悍"的特征。这个"短"就是"时间短"，一般不超过十分钟。根据脑科学的研究结果表明，在一般情况下，人们在听讲时注意力能够集中的时间不会超过 10 分钟，对于中小学生来说，集中注意力认真听课的时间会更短。"小"是微课的主要特征。一是指微课视频时间较短，所以微课视频的文件容量小，一般只有几十兆甚至几兆，适应当下互联网播放视频的宽带和速度；二是微课选题小，微课只是针对某个知识点、某个技能操作步骤或者某个学习环节进行讲解。"精"是指微课的设计必须精致、紧凑、严谨，不能拖泥带水。因为时间短，所以微课视频中的每一分钟甚至每一秒钟都要经过精心的设计，在设计微课时除了要有常规的教学设计以外，还需要有详细的脚本规划以及镜头的组织安排。最后一个字就是"悍"，"悍"就是指效果好。学生这个知识点本来不会，看了你的微课之后会了，这就是效果好。用一句话来概括的话，微课最重要的评判标准不仅让学生学得会，还要让学生学得了。借用一位老师的话：微课的最高境界可以用两个字来概括，那就是——秒懂。

四、微课的类型

（一）按教学方式分类

依据微课中知识技能教学方式的不同，可以分为以下几种。其中，美术学科使用比较多的是理论讲授型、情感感悟型、技能训练型三种微课。

1. 理论讲授型微课

讲解基本概念、规律或原理等内容，注重知识的内在规律或逻辑性。

2. 推理演算型微课

原理、规律、定律等，注重推演过程对学生理解知识的意义。

3. 答疑解惑型微课

习题讲解、解答技巧的专项突破。

4. 情感感悟型微课

德育类主题或内容，能引起学生共鸣（共情）、引发学生深思。

5. 技能训练型微课

动作技能、操作技能、语言运用技能等。

6. 实验操作型微课

利用仪器或设备、器材研究探索概念、规律生成的过程。①

---

① 马九克. 微课视频制作与翻转课堂教学［M］. 上海：华东师范大学出版社，2017.12：3.

（二）按制作方式分类

1. 录屏类微课

录屏类微课主要是通过录制电脑屏幕的显示过程配合麦克风获取的声音来制作微课。录屏有多种方法，可借助 PPT 课件录制，也可借助 Camtasia Studio、会声会影等软件录制形成微课视频。

2. 拍摄类微课

拍摄类微课使用拍摄工具制作微课，也是最常用、最普遍的微课制作方式之一。正规的拍摄环境是录播教室，当然也有常用便携式拍摄设备，如手机、数码相机、平板电脑、摄像头等制作拍摄型微课的工具。

3. 软件合成类微课

有些微课视频是运用图像、动画或视频制作软件（如 Flash、PowerPoint、会声会影、Movie Maker 等），通过微课脚本设计、技术合成后输出的教学视频。

4. 混合类微课

混合类微课从制作方式上说一般比较复杂，通常会用到辅助软件、辅助硬件，融合拍摄、录屏、软件合成等方式，最终编辑合成微课视频。这种方式的微课视频需要较高的技术支持和视频编辑水平，花费的时间较多，但微视频的质量（技术体现、学习支持等）会更高。①

---

① 方其桂 . Camtasia Studio 微课制作实例教程［M］. 北京：清华大学出版社，2017. 4：4.

五、微课设计开发的一般流程

1. 选题

微课选题是微课制作流程中最关键的一环，要善于分析学生、分析教材、分析教学过程、确定微课用途。选题要小且聚焦单个知识点，选择教学中的重难点或疑点，内容要适合用多媒体表达，选题要面对学习对象。

2. 设计

设计教学目标、设计教学内容、设计教学活动、设计教学评价、设计媒体策略。以下提供"微课方案设计模板"（表 3 - 1）和"微课学习任务单模板"（表 3 - 2）以及"微课的评价量规"（表 3 - 3）以供参考。

表 3 - 1　微课方案设计模板

微课信息	
制作者	
主题名称	
教材分析和学情分析	
选题意图	（请在此处说明为什么选择这个主题来做微课程）
内容来源	（在此处注明选自哪本教材中的哪一部分或者其他出处）

适用对象	（请在此处注明学科、学段）
教学目标	
教学重难点	
教学环境	√□简易多媒体教学环境　□交互式多媒体教学环境　□网络多媒体环境教学环境　□移动学习　□其他
教学用途	□课前预习　□课中讲解或活动　□课后辅导　□其他 （请简要说明你将如何使用该微课程）
知识类型	□理论讲授型　□推理演算型　□技能训练型　□实验操作型 □答疑解惑型　□情感感悟型　□其他
制作方式 （可多选）	□拍摄　□录屏　□演示文稿　□动画　□其他
预计时间	（不超过 10 分钟）

微课设计模板

教学过程 （请在此处以时间为序具体 描述微课的所有环节）	设计意图 （请在此处说明你为什么要 这样安排或选择）

设计亮点：

（请你从教学方法、案例选取、媒体选择、互动设计、技术细节等方面来说明你的设计亮点，以便其他教师更好地关注微课的设计细节，不超过 300 字。）

微课在教学中的应用计划

（请思考您将在教学中如何运用该微课，不超过 300 字）

表 3–2　《＊＊＊＊》微课学习任务单模板

　　填写说明：该文档用于告知学生如何利用微课开展学习，并说明与课堂教学的衔接问题等。

学习目标

学习资源

（提示：可选项，如有其他相关资源请在此说明）：

学习方法
（提示：为提高学生的学习效果，请在此处为学生提出微课学习的具体要求或建议）

学习任务
（提示：请将要求学生完成的任务、测验或思考题列在此处）

后续学习预告（可选）：

学习困惑
（提示：此处由学生填写）

表 3 – 3　微课的评价量规

一级指标	观测点	评价对象	权重
基本规范	• 微课以文件包的形式来提交，在目标、内容、活动、评价方面具有完整性。 • 微视频时长不超过 10 分钟。 • 微视频采用通用格式，易于分享。	整体文件夹	10
选题	• 选题符合课程标准。 • 教学目标明确可达。 • 聚焦一个知识点或技能点。 • 适合多媒体表达。	方案	10
内容设计	• 导入简短生动，激发学生兴趣。 • 内容组织符合学生的认知规律，逻辑主线清晰，学习步骤完整。 • 语言流畅、准确，讲解深入浅出、通俗易懂，有效突破重难点。 • 教学方法有创意，形式与内容新颖，精彩有趣。 • 小结条理清晰，概括性强。 • 文字、语言、图片没有知识性错误或者误导性描述。	微视频	35
活动设计	• 活动设计紧扣学习目标，有助于对所学知识强化理解 • 活动形式符合学生年龄特征和学习习惯 • 学习任务单表述清晰，指导明确，学生能据此开展自主学习 • 学习任务设计适恰，有助于检验学习效果。	学习任务单	20

续表

一级指标	观测点	评价对象	权重
媒体效果	• 根据内容选择合适的媒体表现形式。 • 设计风格符合学生年龄特点，和内容匹配度高。 • 画面设计美观大方，配色合理，图像和内容契合度高。 • 动画运用合理流畅，能有效引导学生学习，而不分散学生的注意力。 • 合理运用字幕、标注、放大细节等手法突出关键信息。 • 配音清晰，语速音量适中，有利于学生理解内容。 • 根据内容需要合理选配音乐和音效，有效烘托气氛。	微视频	25

3. 制作

采集与编辑素材、分镜与画面设计、后期处理、合成和发布。

六、微课视频的制作方法

微课视频的制作方法多样，根据制作工具的不同，可以分为录屏类制作、拍摄类制作、软件合成类制作、混合方式制作。以下列举几个常见的微课视频制作方法。

1. 录屏类

录屏类微课主要通过录制电脑屏幕的显示过程，配合声音的添加来制作微课。此类微课是制作者最常用的类型之一。

（1）录屏软件＋课件：录屏软件有很多，如 Camtasia Studio、屏幕录像专家等，这里以 Camtasia Studio 软件为例，介绍"录屏类软件＋课件"的制作方法。

- 制作工具：多媒体计算机、耳麦、Camtasia Studio 录屏软件。

- 制作方法：对 Power Point 课件进行播放演示，使用 Camtasia Studio 软件进行屏幕录制，辅以录音和字幕。

- 主要特点：通过选题、录制、编辑 3 个主要步骤。

（2）录屏软件＋手写板：是经典的可汗学院模式录制方法。

- 制作工具：录屏软件（如 Camtasia Studio、SnagIt 或 Cyber-Link YouCam 等）、多媒体计算机、麦克风、手写板、画图工具（如 Windows 自带绘图工具等）。

- 制作方法：通过手写板或画图工具对教学过程进行讲解演示，同时使用录屏软件录制。

- 主要特点：在录制过程中可以录屏配音。

2. 拍摄类

使用拍摄工具制作微课，也是最常用、最普遍的微课制作方法之一，不同的拍摄工具有不同的适用场所和特点。录播教室、摄像机等便携设备都是常用的微课拍摄工具。

（1）录播教室拍摄：录播教室系统是一种同时满足多画面处理、无缝切换、高清录制和直播等多种功能的设备，通常可以在录播教室里录制高质量的、专业的微课视频。

- 拍摄方法：进入录播系统管理平台，完成相关视频的画面、音频设置后，即可选择自动录制或手动录制完成微课的拍摄。后期还可以利用系统自带的编辑功能完成视频的后期加工。

（2）摄像机拍摄（摄像机＋黑板或白板）：摄像机在微课制作过程中是较常用的，是相对比较专业的拍摄设备，通常在拍摄过程中需要配三脚架，防止拍摄画面抖动。

● 制作工具：摄像机、三脚架、黑板（或白板）、粉笔、其他教学演示工具。

● 制作方法：对教学过程同步摄像。

● 主要特点：教师需出镜，在黑板或白板前开展教学，或者作教学演示。

（3）便携设备拍摄（手机、平板 + 白纸）：电子产品的普及，使得手机和在微课制作中也担当了一个重要角色，成了拍摄型微课制作的一个大帮手。

● 制作工具：可进行视频摄像的手机或平板电脑——白纸、笔、教案等。

● 制作方法：使用便携摄像工具对纸笔结合绘画、书写的教学过程进行录制。

● 主要过程：注重笔在白纸上进行展现解答的过程。

3. 软件合成类

软件合成类微课的制作，就是利用软件制作动画，后期再进行配音合成。动画软件可选用 Flash、PowerPoint、几何画板等，后期加工处理可以采用会声会影、After Effects、Maya 等专业的影视合成软件合成处理。另外，还可以通过使用一些简单的平台或软件，如 Captivate 软件制作交互式的微课。

（1）利用会声会影制作微课：会声会影是一款强大的视频制作、剪辑软件，具有多种视频编辑功能和动画效果。利用会声会影，可以对录制的微课视频进行专业编辑。

（2）利用 After Effects 制作微课：Adobe After Effects 简称

"AE"，是 Adobe 公司推出的一款图形视频处理软件，是一种专业性很强的视频处理软件。

（3）利用 Captivate 制作微课：Adobe Captivate 是一款屏幕录制软件，任何不具有编程知识或多媒体技能的人都能够通过它快速地创建功能强大、引人入胜的仿真、软件演示及基于场景的培训和测验。

4. 混合类

混合类微课，一般是指教师制作微课时，根据选题的表达需求，把上述 3 种类型微课的录制方法任意组合创作而成，不属于上述类别的其他类微课。这类微课在录制前，准备工作应当根据选题和脚本设计要求，在相应的制作工具中选取合适的组合进行录制。

（1）借助辅助软件录制微课：录制有特点的微课，常常需要一些有特色的软件进行辅助录制。如可借助专用软件、声音处理软件、教学课件等制作出特点鲜明的微课。

（2）借助辅助硬件录制微课：录制微课时，有时使用一些硬件工具辅助录制，可以起到事半功倍的效果。如可借助手写板工具、交互电子白板工具边讲授边示范，合理利用一些教具、工具制作有学科特点的微课。

（3）借助人物出镜录制微课：在微课制作时，有时需要教师整体出镜，有时只是突出面部表情或手的动作，再利用 Camtasia Studio 软件对视频进行拍摄录制、后期编辑等综合处理。①

---

① 方其桂 . Camtasia Studio 微课制作实例教程 ［M］. 北京：清华大学出版社，2017.4：20.

七、微课设计的实用建议

微课设计的实用建议包括以下方面。

（1）时间一般不超过十分钟。

（2）聚焦一个知识点或技能点。

（3）制造一对一的氛围。

（4）不要轻易跳过教学步骤。

（5）注重过程中与学生的交互（加强人与资源互动和学生的思维参与）。

（6）给学生提示性信息（标注）、放大关键点、拉近拉远、镜头快慢等。

（7）用字幕方式补充微课程不容易说清楚的部分。

（8）结束的时候要有简短的回顾和总结。

（9）适宜多媒体表达。

（10）要考虑微课的传播与分享，课程教学情景具有相对独立性。

（11）课程属性要完整。

八、美术微课的案例解析

美术微课除了要关注常规的制作方法、知识类型、教学用途外，还要关注微课的视觉性、审美性、趣味性、创新性等，以下列举两个日常教学实践中开发的微课案例。

教学案例 1:《石刻铜铸 造型立意——抽象与写实的雕塑艺术》

(一)《石刻铜铸 造型立意——抽象与写实的雕塑艺术》微课方案及学习任务单设计(见表 3-4、表 3-5)

表 3-4 《石刻铜铸 造型立意——抽象与写实的雕塑艺术》微课方案设计

微课信息			
制作者	彭学军	学校	上海市洋泾中学
主题名称	抽象与写实的雕塑艺术		
教材分析和学情分析	教材分析:《石刻铜铸 造型立意——抽象与写实的雕塑艺术》这一课内容是从上海音乐出版社出版的《艺术》(试验本)高中一年级第一学期第六单元《石刻铜铸 造型立意》拓展而来,同时参考上海书画出版社出版的《美术欣赏》(上册)中第十五课《外国古代雕塑》和第十六课《外国现代雕塑》。不少人对具象雕塑认同度高,因为看得懂,对抽象雕塑表示看不懂,所以不喜欢。事实上,西方的抽象雕塑从十九世纪就已经诞生,它有着丰富的人文内涵和形式美感。随着城市现代化进程的加速,如今越来越多的抽象雕塑矗立街头,需要城市的公民去接纳它,去了解它,去喜欢它。因此,培养学生喜欢抽象雕塑并学会赏析抽象雕塑变得很有必要。 学情分析:高中学生 16—18 岁,正处于生理、心理快速发展的青春期,对艺术的学习日益渴望,并且具备一定的雕塑知识和欣赏基础。课前我对高一年级 498 位学生做了调查,结果喜欢抽象雕塑的学生不足 20%,理由是看不懂。由此可见,学生对雕塑的认知还仅仅停留在写实雕塑像与不像的层面,对抽象雕塑的认知存在盲区。如何在高中艺术课堂里引导学生关注抽象雕塑,了解雕塑从写实到抽象的演变过程,知道雕塑艺术从"真实的模仿——自由地抒发——抽象的结构"的变化过程,尝试解读抽象的雕塑作品,这是我设计本课的宗旨,也是本课的教学目标。		
选题意图	突破学生在学习雕塑知识时枯燥乏味的瓶颈,以轻松欢快的微课方式,让学生了解抽象雕塑到写实雕塑的发展演变过程,掌握抽象雕塑的特征,从而对抽象雕塑产生兴趣。		

内容来源	1. 上海音乐出版社出版的《艺术》（试验本）高中一年级第一学期第六单元《石刻铜铸 造型立意》。 2. 上海书画出版社出版的《美术欣赏》（上册）中第十五课《外国古代雕塑》和第十六课《外国现代雕塑》。
适用对象	高一年级学生
教学目标	1. 知识与技能：了解雕塑从写实到抽象的演变过程，了解写实雕塑与抽象雕塑的形式，知道抽象雕塑的特点，尝试解读抽象形态的雕塑作品。 2. 过程与方法：围绕"欣赏—讨论—感悟—探究"的教学方法，展示资料，设计问题，深入思考，展开讨论，层层推进，达到教学目标。 3. 情感态度与价值观：从写实、抽象雕塑的两个不同的角度去欣赏和感受雕塑作品独特的审美功能与内涵，提高对雕塑艺术的兴趣，学会用多元化、立体化的审美思维去体会视觉形象。
教学重难点	教学重点：了解写实雕塑与抽象雕塑在形式上的不同，知道抽象雕塑的特点。 教学难点：尝试解读抽象形态的雕塑作品。
教学环境	√□简易多媒体教学环境　□交互式多媒体教学环境　□网络多媒体环境教学环境　□移动学习　□其他
教学用途	√□课前预习　□课中讲解或活动　√□课后辅导　□其他 1. 课前预习，帮助课中教学重难点的突破。 2. 课后知识点的复习巩固。
知识类型	√□理论讲授型　□推理演算型　□技能训练型　□实验操作型 √□答疑解惑型　□情感感悟型　□其他

续表

制作方式 （可多选）	□拍摄　√□录屏　√□演示文稿　□动画　□其他
预计时间	4 分钟左右

微课设计

教学过程 （请在此处以时间为序具体 描述微课的所有环节）	设计意图（请在此处说明你为什么要 这样安排或选择）
1. 片头出示课题、讲课者及所在学校等信息。	学生了解即将要学习的主题等相关信息。
2. 动画版百变马丁罗娜作为讲课者出现，变声处理。	生动的形象和诙谐的声音激发学习兴趣。
3. 出示罗丹的《吻》和布朗库西的《吻》做比较。	比较两者形式上的不同。
4. 教师提问："你认为雕塑作品是写实一些好还是抽象一些好？为什么？"	回顾对抽象雕塑和写实雕塑的认知，引发学生深度思考。
5. 教师带领学生了解写实雕塑到抽象雕塑的演变过程。介绍很久以前评价雕塑作品成败优劣的主要标准是：像与不像、逼真与不逼真。	知道很久以前评价雕塑作品的标准。
6. 介绍古希腊时期的写实主义精美雕塑，列举波利克莱妥斯的《荷枪者》，它使雕塑大大地接近真实的人物，他提出的人体比例以人头为标准，人的高度为头的七倍，并且提出将人的重心落在一个脚上，使人的形象产生对比和节奏，大大地推进了雕塑写实的进程。	通过欣赏波利克莱妥斯的《荷枪者》，知道他对写实雕塑所做出的贡献，了解人体比例和动态的知识。

续表

7. 出示古埃及法老像做比较，并列举《掷铁饼者》《米洛斯的阿芙罗蒂德》。除了关注比例和动态，古希腊的雕塑也开始关注结构了，希腊写实技巧的探索成就了一大批精美的杰作。	通过和古埃及法老像的对比，了解古希腊雕塑开始出现结构。通过欣赏古希腊雕塑，感叹古希腊写实雕塑的丰功伟绩。
8. 出示米开朗基罗的《大卫》等雕塑作品，介绍在简单模仿的基础上，文艺复兴的雕塑开始出现了透视、解剖、比例等严格的科学理论。米开朗基罗在如实塑造人体的水平上是最完美的，是没有人可以超越的顶峰。	通过欣赏文艺复兴的一系列雕塑作品，了解文艺复兴时候雕塑的伟大成就，写实风格的雕塑在文艺复兴时期达到了顶峰。
9. 直到19世纪法国著名雕塑家罗丹的《巴尔扎克》的诞生，这个局面被打破了。为了尽情体现大文豪巴尔扎克的气质和神态，罗丹着重刻画了人物的脸部表情，而对躯体和衣饰，却采取了类似中国画大写意的办法，用极为奔放的手法，塑造了披着睡衣、在深夜写作时起身徘徊的巴尔扎克。这种不拘小节的表现留给观者的是更多的想象空间。因为，精神寓意和潜在力量常常是雕塑所表现的重要主题，但若一味地苛求逼真与相似，对个性和内涵的表现就会人为地禁锢起来。所以我们认为罗丹是传统雕塑与现代雕塑的一个承上启下的先知。	通过欣赏，学生知道，罗丹的《巴尔扎克》表现手法突破了传统写实的雕塑，用大写意的手法，表现了大文豪不拘小节的气质，凸显了个性和内涵。知道了罗丹在传统雕塑与现代雕塑之间起到了承上启下的作用。
10. 教师出示英国现代雕塑大师亨利摩尔的《斜倚人物》等一系列人物雕塑作品，这些人物雕像的头、躯干和四肢都是一些纯粹的几何形体，在这里，人是虚拟的，我们根本无法用"像不像"来衡量，也无法在他的雕塑中看到透视和解剖。他的雕塑可以从任何一个角度去欣赏，每一个角度都会出现不同的韵味，玩味无穷。之后，抽象雕塑在20世纪的西方蓬勃发展起来。	欣赏亨利摩尔的人物雕塑作品，体会其人物雕塑作品中头、躯干、四肢用纯粹几何形体加以表现的独特手法。感受20世纪抽象雕塑的到来。

11. 抽象雕塑较之写实雕塑，有以下特点：（1）不注重内容。（2）注重空间。（3）材料上有了拓展。（4）注重色彩。（5）静态到动态的突破。抽象雕塑的特点：将表现对象转化为非具象的形状，或是完全抽去了内容的纯艺术的表现，强调作品的视觉美感，更注重作者的主观感受，留给观者更多的想象空间。	欣赏抽象雕塑作品，了解抽象雕塑与写实雕塑的不同点。知道抽象雕塑的特征。
12. 动画版百变马丁罗娜再次现身做小结：抽象与写实是雕塑作品的两种不同的表现形式，本身没有好坏之分，写实雕塑可能更多的是再现对象本身，而抽象形态的雕塑相对写实的雕塑更具不确定性，更具想象空间和余地，更多的表达作者的主观感受。很多抽象的雕塑作品欣赏的时候只可意会不可言传，创作者与欣赏者对作品可以有不同的理解。	动画版人物再次出现，增加了趣味。小结呼应了开头的提问："你认为雕塑作品是写实一些好还是抽象一些好？为什么？"让学生对抽象与写实的雕塑艺术有了更深入的理解，深化教学目标。
13. 片尾，再次出示讲课者及所在学校等信息，首尾呼应。	学生再次关注刚刚学习的微课制作者的相关信息，带给学生完整性的感觉。

设计亮点：（请你从教学方法、案例选取、媒体选择、互动设计、技术细节等方面来说明你的设计亮点，以便其他教师更好地关注微课的设计细节，不超过300字。）

教学方法：用了展示、提问、对比、讲解等教学方法实现教学目标。

案例选取：选取了古希腊波利克莱妥斯的《荷枪者》、文艺复兴米开朗基罗的《大卫》、19世纪法国雕塑家罗丹的《巴尔扎克》、20世纪英国雕塑家亨利摩尔的《斜倚人物》作为重点介绍的几个案例，这些是雕塑从写实到抽象发展演变过程中的风格确立及转变的几个关键点。

媒体选择：计算机互联网、手机、iPad。

互动设计：完成思考题。

技术细节：前期利用手机App"皮影客教育版"制作的动画人物，借助"Camtasia Studio + PPT"的录屏形式，导入动画、图片，同步配音的综合制作手段。后期配背景音乐，加片头片尾，声音加速处理。

微课在教学中的应用计划
（请思考您将在教学中如何运用该微课，不超过 300 字）

学生通过课前观看微课，对本课所要掌握的知识点、教学重难点，即"了解雕塑从写实到抽象的演变过程，了解写实雕塑与抽象雕塑的形式，知道抽象雕塑的特点，尝试解读抽象形态的雕塑作品。"先行预习，带着问题参与课堂学习，为深度学习做好铺垫。课后也可以观看复习巩固。

表 3 - 5　《石刻铜铸 造型立意——抽象与写实的雕塑艺术》微课学习任务单

　　填写说明：该文档用于告知学生如何利用微课开展学习，并说明与课堂教学的衔接问题等。

学习目标

了解雕塑从写实到抽象的演变过程，了解写实雕塑与抽象雕塑的形式，知道抽象雕塑的特点，尝试解读抽象形态的雕塑作品。从写实、抽象雕塑的两个不同的角度去欣赏和感受雕塑作品独特的审美功能与内涵，提高对雕塑艺术的兴趣，尤其是抽象的雕塑艺术。学会用多元化、立体化的审美思维去体会视觉形象。

学习资源

（提示：可选项，如有其他相关资源请在此说明）：
微课；教科书；图片素材；相关典故；相关书籍，如《雕塑的语言》威廉·塔克著、《现代雕塑的变迁》罗莎琳·克劳斯著。

学习方法

（提示：为提高学生的学习效果，请在此处为学生提出微课学习的具体要求或建议）
1. 带着任务认真观看微课。没看懂处可暂停、可回放，反复观看。也可以参考教师推荐的其他学习资源加以内化。
2. 边看边做笔记，困惑之处记录下来，课内请教交流。

续表

学习任务
（提示：请将要求学生完成的任务、测验或思考题列在此处） 1. 从写实到抽象的雕塑艺术，经历了哪几个重要时期，关键人物分别是谁？其作品的风格特征如何？ 2. 抽象雕塑的特征是什么？能否列举一两件抽象雕塑作品？
后续学习预告（可选）：
课内会进一步加强鉴赏评述体验，在学习单的帮助下，尝试解读抽象的雕塑作品。
学习困惑
（提示：此处由学生填写）

（二）《石刻铜铸 造型立意——抽象与写实的雕塑艺术》微课制作方法

1. 利用手机 App 制作动画微课片段

步骤：下载手机 App"皮影客教育版"（见图 3－1）—进入皮影客界面（见图 3－2）—点击"＋"，选择形象"百变马丁罗娜"（见图 3－3）—选择动作"站－说话－微笑－摊右手"（见图 3－4）—"确定（打钩）"并"发布"（见图 3－5）—最后，"保存到本地"或者"分享微信好友、微信朋友圈、QQ 好友、QQ 空间、微博、分享二维码"（见图 3－6）。

图 3-1　皮影客教育版

图 3-2　进入界面

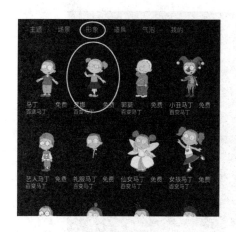

图 3-3　选择形象

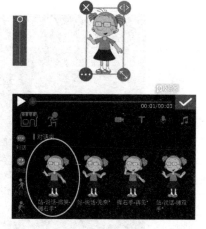

图 3-4　选择动作

图3-5　确定发布　　　　　　图3-6　保存到本地或分享

2. 借助 Camtasia Studio + PPT 的录屏形式完成微课

（1）创建新项目。运行 Camtasia Studio9.0 软件，单击"新建项目"按钮（见图3-7）。

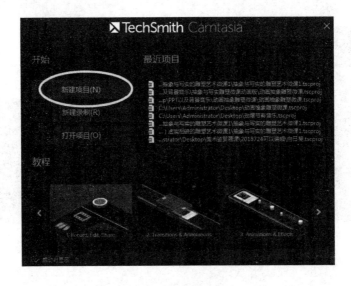

图3-7　创建新项目

（2）设置区域、音频属性。在 Camtasia Studio 中设置录制区域
为"全屏幕"，设置"音频开"，将音频大小调整合适（见图 3-8）。

图 3-8 设置区域、音频属性

（3）设置录像格式和保存路径。设置录像保存格式为 . trec 或
者 . avi，并且修改保存路径，完成后单击 OK（见图 3-9）。

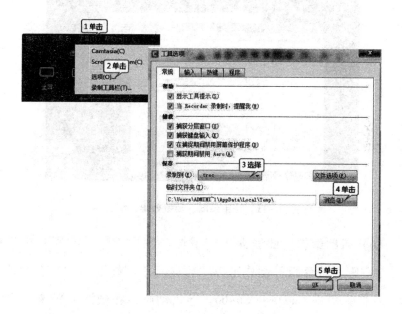

图 3-9 设置录像格式和保存路径

（4）录制屏幕。单击"rec"按钮，或者按快捷键 F9，开始录
制（见图 3-10）。

图 3 – 10 录制屏幕

（5）预览效果。按停止键或快捷键 F10 停止录制，预览录制效果，满意后保存进入后期编辑（见图 3 – 11）。

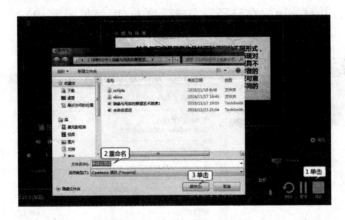

图 3 – 11 结束录制、预览效果、保存

（6）后期编辑。此微课采用了综合制作手法。前期利用手机App "皮影客教育版" 制作了以 "百变马丁罗娜" 为主讲者的动画微课片段，借助 Camtasia Studio，导入动画，和微课 PPT 整合在一起。后期配欢快的背景音乐，讲课声音进行倍速处理，产生调皮、幽默的效果，引人入胜。同时也节约了时间，整个微课时长 4 分 14 秒，紧凑高效、内容结实。最后加片头片尾，以保证微课的完整性。

附：《石刻铜铸 造型立意——抽象与写实的雕塑艺术》微课二维码

教学案例 2：《中华漆艺术》

（一）《中华漆艺术》微课方案及学习任务单设计（见表 3 - 6、表 3 - 7）

表 3 - 6　《中华漆艺术》微课方案设计

微课信息			
制作者	朱止庐	学校	上海市川沙中学
主题名称	中华漆艺术		
教材分析和学情分析	教材分析：《中华漆艺术》这节课的内容从上海音乐出版社出版的《艺术》（试用本）高中一年级第一学期第三单元《鬼斧神工 物化百态》拓展而来。另外，上海是中国历史文化名城，它地处长江三角洲地区，距今已有 5000 多年的漆器历史，河姆渡朱漆木碗即出土于这个地区。我国古代漆工艺的经典著作《髹饰录》的注释者，杨明（明代）正是今西塘人。因此，从历史角度来看，上海与漆艺术有着不解之缘。本节课"因地制宜"，通过鲜活的实例与实物，令学生在获得审美享受的同时，学会从造型美、纹饰美的角度赏析漆艺术，从而提高自身的文化认同感与责任意识。 学情分析：高中二年级学生处于身心快速发展的时期，他们思维敏捷，对新事物充满好奇，且对于古今工艺美术具备一定的审美水平与欣赏评述能力。教师以培养学生对漆艺术的审美意识和提高其思辨能力为目的，在分析提炼教材的基础上，将本节课定位为"欣赏·评述"学习领域。本课设计为单课时，旨在通过欣赏、讨论、分析、评述等方法，促进学生对漆艺术——这一传统艺术瑰宝的认知与理解，并让学生在观摩把玩、评述交流中提升对中国传统艺术的关注程度与保护意识。		
选题意图	因漆艺术在课堂上有技能操作的局限性，因此，教师通过微课进行课前导学，可以有效弥补这个缺失。让学生了解漆艺技法的完整过程，对帮助学生学会赏析漆艺术具有较大的促进作用，也有助于学生的课内协作探究和互动交流等活动，突破 40 分钟课时的局限。		

续表

内容来源	由上海音乐出版社出版的《艺术》（试用本）高中一年级第一学期第三单元《鬼斧神工 物化百态》拓展而来。
适用对象	高二年级学生
教学目标	1. 知识与技能：对漆材料、漆工艺有初步的认知；能够从造型美、纹饰美的角度赏析一件漆艺作品。 2. 过程与方法：通过回顾历史→名品赏析→工艺演示→实物把玩→学生赏析→评述交流，这一学习过程，感受漆艺术的独特魅力；以欣赏→类比→探究→评述为方法，体会"艺术当随时代"这一客观规律。 3. 情感态度与价值观：提高对漆艺术的鉴赏力与审美品位；加深对传统艺术、传统文化的热爱；提升民族自尊心与自豪感。
教学重难点	教学重点：从漆材料、漆工艺的角度认识中国漆艺术。 教学难点：能够从造型美、纹饰美的角度赏析漆艺作品。
教学环境	√□简易多媒体教学环境　□交互式多媒体教学环境　□网络多媒体环境教学环境　□移动学习　□其他
教学用途	√□课前预习　□课中讲解或活动 √□课后辅导　□其他 1. 课前导学，促进教学重难点的突破。 2. 课后复习，加强知识与技能的巩固。
知识类型	√□理论讲授型　□推理演算型 √□技能训练型　□实验操作型 √□答疑解惑型　□情感感悟型　□其他
制作方式 （可多选）	√□拍摄　□录屏　□演示文稿　□动画　□其他
预计时间	5 分钟左右

续表

微课设计	
教学过程 （请在此处以时间为序具体 描述微课的所有环节）	设计意图 （请在此处说明你为什么 要这样安排或选择）
1. 片头出示课题、讲课者及所在学校等信息。	学生了解即将要学习的主题等相关信息。
2. 教师直接出镜讲课。	带给学生真实、亲切的听课感觉。
3. 教师介绍：一件漆艺从诞生之初的选胎到最后的推光、揩清，中间要历经几十道甚至上百道的工艺。	学生开始进入漆艺制作步骤的学习。
4. 教师以一只漆镯的诞生为例，来着重分析，在这个过程中可能要用到的几个重要技法。	学生的注意力集中在漆镯上面，激发兴趣。
5. 教师开始介绍重要步骤。第一步，髹涂生漆。首先需要在一只原木的镯子上髹涂一层生漆。这个过程也被称之为"吃漆"。教师进行示范——沿着漆镯的纹路进行髹涂，同时加以解说。	学生了解手镯的材质。观看教师针对原木漆镯髹涂生漆的演示过程，直观生动，一看就懂。
6. 控晾之后，镯子已经干了。在此基础上，可以进行第二道工艺。首先，先用生漆髹涂漆镯的表面，可以根据自己的需求，在表面敷撒不同颜色的颗粒，这些颗粒是被染过颜色的锯末。可以在有些地方撒得均匀些，也可以在某些地方撒得稀疏一些。（教师先撒了一些绿色锯末，再加了一些黄色颗粒，产生色彩的自然变化效果）	通过教师的示范解说，学生直观感受染过颜色的锯末是如何被均匀自然地敷撒在漆镯的表面，以产生意想不到的特殊效果。

7. 教师边示范边讲解：一段时间后，这只预设过肌理的漆镯已经干透了，接下来就要在它的表面糅饰不同颜色的色漆。第一层彻底干透以后，就开始第二层的涂饰。这样一遍又一遍地涂饰，就是"变涂"这个技法名称的来源。	通过观看学习，学生了解了"变涂"这个技法的特征。并且知道需要哪几个步骤、需要哪些注意事项，才能较好地完成"变涂"的操作。
8. 等镯子半干状态，在这个基础上，就可以开始进行"贴箔"这第四道工艺了（教师示范"贴箔"）。至此，贴银箔的过程结束了。	学生观看教师的示范，聆听讲解，清晰直观地学习了"贴箔"的工艺。
9. 在已经贴好的银箔表面进行罩染。首先从漆碗内挑出一些"透明漆"，放在一只一次性杯子里。注意，这时候要加一点漆画专用的松节油进行稀释，将这样一个很薄的"透明漆"罩染在漆镯上面，观察效果。有一种叫作黑推光的漆，它是用来糅涂漆镯内部，以及最后在外围进行漆层保护时所使用的漆。	通过观看聆听教师耐心的示范和讲解，学生了解了漆艺的第五道工艺"罩染"。
10. 在这只镯子通体已经干透的情况下，就可以对它磨显了。教师示范并介绍：这个是"初抛"之后的效果，接下来，再换一种细的砂纸进行抛光，经过了大约 45 分钟的打磨和抛光，这只镯子已经"初见端倪"了。	学习漆艺的第六道工艺"磨显"。
11. 还剩最后一个步骤，就是让它表面产生一种很温润的光泽。第七步：揩清。首先使用植物油在表面进行涂饰，将植物油滴在镯子上，在此基础上，用细瓦灰在表面进行搓拭，用自己的手指，用力地在上面进行搓，在经过大约 3 到 4 次的揩清之后，这只漆镯已经具备了很温润的光泽。至此，大家对漆艺的制作过程是否有了更深一步的了解呢？	在教师细致的示范和讲解下，学生学习漆艺的第七道工艺"揩清"，也是最后一个步骤。通过学习，学生对漆艺制作的全过程有了更深入的了解。

12. 片尾，出示拍摄、剪辑、配乐、场地提供、特别鸣谢等信息，首尾呼应。	让学生感受到微课的完整性，并了解到教师制作微课所需要的资源及支持。

设计亮点：
（请你从教学方法、案例选取、媒体选择、互动设计、技术细节等方面来说明你的设计亮点，以便其他教师更好地关注微课的设计细节，不超过 300 字。）

教学方法：用了展示、示范、讲解等教学方法实现教学目标。
案例选取：以一只漆镯的诞生为例，来着重分析，在这个过程中可能要用到的几个重要技法。取一只原木的镯子，讲解并示范"髹涂生漆、敷撒锯末、变涂、贴箔、罩染、磨显、揩清"七个步骤。
媒体选择：计算机互联网、手机、iPad。
互动设计：完成思考题。
技术细节：教师本人出境，摄像机拍摄。后期通过软件 iMovie 进行剪辑，配字幕，配背景音乐和转场动画，加片头片尾。

微课在教学中的应用计划
（请思考您将在教学中如何运用该微课，不超过 300 字）

学生通过课前观看微课，对漆艺技法的完整过程有了直观清晰的了解，使课堂上的学习变得顺畅，从而突破本课的教学重难点即"对漆材料、漆工艺有初步的认知；能够从造型美、纹饰美的角度赏析一件漆艺作品。"实现深度学习。

表3-7　《中华漆艺术》微课学习任务单

填写说明：该文档用于告知学生如何利用微课开展学习，并说明与课堂教学的衔接问题等。

学习目标

学习漆艺术的"髹涂生漆、敷撒锯末、变涂、贴箔、罩染、磨显、揩清"七个技法步骤，对漆材料、漆工艺有初步的认知，能够从造型美、纹饰美的角度赏析漆艺作品。提高对中华漆艺术的鉴赏力与审美品位，加深对传统艺术、传统文化的热爱，提升民族自尊心与自豪感。

学习资源

（提示：可选项，如有其他相关资源请在此说明）
微课；教科书；图片素材；相关书籍如《百工录：漆艺髹饰》谢震著、《漆艺》翁纪军、蔡文著等；相关网站，如中华漆艺网 http://www.sinolac.com。

学习方法

（提示：为提高学生的学习效果，请在此处为学生提出微课学习的具体要求或建议）
1. 带着任务认真观看微课。学习七个技法步骤，了解七个技法之间的关联以及不同的艺术效果。从而进一步学习漆艺术的造型美、纹饰美，提升对漆艺术的鉴赏能力。
2. 边看边做笔记，参考教师推荐的相关书籍或者相关网站以辅助学习。

学习任务

（提示：请将要求学生完成的任务、测验或思考题列在此处）
1. 一只漆镯的诞生，需要经过哪几个工艺步骤？给你印象最深的是哪一个技法？请简要描述。
2. 观看了漆艺制作技法的微课，你对"中华漆艺术"又有哪些新的认识？

后续学习预告（可选）

课内会加强鉴赏，进一步从造型美、纹饰美的角度赏析漆艺作品。感受中华漆艺术的独特魅力。

学习困惑

（提示：此处由学生填写）

（二）《中华漆艺术》微课制作方法简述

为了烘托浓厚的工匠气息，教师将微课的取景地选为华东师范大学漆艺工作室。通过教师本人亲自演示，两位摄影师进行拍摄的方式进行录制。这里所使用的器材为佳能 6D，镜头为 24～105 标准镜头，搭配全景和特写的方式展开拍摄。历时 2 个月，前后采集了近 40 段，总时长 3 个小时的视频素材。后期将不同阶段录制的视频通过软件 iMovie 进行剪辑。

为了让学生能够清晰地看懂其中的关键工艺步骤，教师将每个环节的操作步骤、画中音都手动转化为字幕，通过字幕高亮显示（见图 3－12）。最后，配上欢快的音乐和简约的转场动画，完成了一节较为清晰生动的微课，将持续 3 个月左右的工艺过程凝练在 5 分钟的时间内，让学生了解漆艺术独特的工艺步骤。

图 3－12　带有步骤环节的字幕视频

第二节　基于慕课的美术教学

一、什么是慕课？

所谓"慕课（MOOC），是 Massive Open Online Courses 的英文首字母缩写的中文音译"，意为大规模在线开放课程。维基（wiki）百科对其是这样界定的："慕课"是指那些由参与者发布的课程，这些课程材料也散布于互联网上。只有当课程是开放的，才可以称之为"慕课"，只有这些课程是大型的或者叫大规模的，它才是典型的"慕课"。"慕课"是新近涌现出来的一种在线课程，它发端于过去的那种发布资源、学习管理系统以及将学习管理系统与更多的开放网络资源综合起来的旧的课程开发模式。① 把"MOOC"翻译成"慕课"一词的是我国华南师范大学学者焦建利教授。②

MOOC，第一个字母"M"代表 Massive（大规模），一是指注册人数多；二是指课程资源的大规模，不仅仅是一两门课程；当然"大规模"也是相对的，第一门"慕课"只有2200多学生，而目前每门课程容量可达数万人，一门课程最多的注册人数是 16 万学生。

① 焦建利. 从开放教育资源到"慕课"——我们能从中学到什么［J］. 中小学信息技术教育，2012（10）.
② 刘增辉. 中国MOOC：与其被动改革不如主动变革——访华南师范大学教育信息技术学院副院长、未来教育研究中心副主任焦建利［J］. 中国远程教育，2013（14）.

第二个字母 "O" 代表 Open（开放），指的是学习空间和学习资源的开放，学生以兴趣为导向，凡是想学习的，都可以注册学习。即使是一些营利公司建设的课程，学生也可以免费利用其课程资源。第三个字母 "O" 代表 Online（在线），指的是教师讲授、学生学习、师生/生生的讨论、作业完成和提交、作业批改等都是通过互联网络在线实现的。第四个字母 "C" 是 Courses（课程），包括讲授主题的提纲、讲授内容的视频、各种学习资料、布置的作业以及学习注意事项等。

这一课程不同于传统的透过电视广播、互联网、辅导专线、函授等形式的远程教育，也不完全等同于近期兴起的教学视频网络共享公开课，更不同于基于网络的学习软件或在线应用。就目前看到的"大规模在线开放课程"而言，可以发现，在慕课模式下，所学的课程、课堂教学、学生学习进程、学生的学习体验、师生互动过程等被完整地、系统地在线实现。

慕课的教学形式最早出现于 2008 年，但真正的火爆却始于 2011 年秋，被誉为"印刷术发明以来教育最大的革新"。斯坦福大学计算机科学教授塞巴斯蒂安·特龙（Sebastian Thrun）和彼得·诺维格（Peter Norvig）在网上推出"人工智能导论"课程，来自190多个国家的16万人同时注册了该课程。特龙教授等在2012年1月投资推出 Udacity 在线课程。同年，斯坦福大学另外两位计算机科学教授安德鲁·吴（Andrew Ng）和达芙尼·科勒（Daphne Koller）创立 Coursera 在线免费课程，2012 年 4 月上线，4 个月后学生数便突破100 万。2012 年 5 月 2 日，麻省理工学院和哈佛大学共同宣布将联合创建免费开源在线课程计划——edX。由于各大学、各机构在 2012

年的积极推进与有效作为，因而 2012 年也被《纽约时报》称为"慕课元年"。

二、慕课的特征

（一）大规模

"大规模"意味着学习者数量不做限制，与传统课程只有几十个或几百个学习者不同，一门慕课课程动辄有上万人参加。肯·马斯特斯（Ken Masters）对慕课概念的解释如下：大规模主要是指大量的学习者，也可以指大规模的课程活动范围。① 那么，多大规模才是"大规模"呢？现实表明：慕课的学习者远超常规，可轻易达到几千人。而在未来，随着该模式的普及及其影响力扩大，参与者还会更多，因此慕课是一种巨型课程。②

（二）开放性

开放性主要表现在教育理念、学习对象、学习方式、评价过程、学习者使用的学习环境的开放。慕课尊崇知识共享（Creative Commons）协议，世界各地的学习者只要可以上网就能学习自己感兴趣的优质课程，不管你是正在上学的学生、上班的工人、家庭主妇或退休老人，没有国别、校别、种族、学历的差异，任何人都可以参

---

① 肯·马斯特斯. 理解慕课的简要指南［J］. 医学教育网络杂志. 2011，1（2）.
② 李青，王涛. MOOC：一种基于连通主义的巨型开放课程模式［J］中国远程教育，2012（3）.

与学习。慕课不需要学籍，学习者可以自由选择课程进行学习。慕课大部分课程是免费的，学习者只需要拥有一台连接了互联网的电脑即可。

（三）基于网络

慕课的课程开发、学习者参与、成绩测验等都是在互联网上完成，不受时空限制。

（四）自主性

自主性在不同的学者那里有着不同的理解。其一，在关联主义的慕课推崇者看来，"自主性"意味着慕课没有明确的学习预期，学习者可以自设学习目标；其二，虽然有特定的学习主题供参考，但在什么时间、地点学习，阅读多少资料，投入多少精力，进行何种形式和程度的交互等都由学习者自己决定；其三，没有正式的课程考核。当然，需获取学分的在校学生除外，学习者根据自己的学习预期对自己的学习收获进行评判。因此说，关联主义的慕课几乎完全依赖于学习者的自我调控。①

当然，作为慕课的建设者——教师，提供了教学内容，希望学生可以自定学习的方式、步骤、时间，自主地讨论与研究，主动且积极地学习。

---

① 樊文强．基于关联主义的大规模网络开放课程（MOOC）及其学习支持［J］．远程教育杂志，2012（3）．

三、慕课的发展脉络

（一）慕课的兴起

慕课虽然只有短暂的兴起史，事实上，却有着较长的孕育与发展过程。根据学者焦建利的研究，慕课理念的兴起，可追溯到 20 世纪 60 年代。1962 年，美国发明家和知识创新者道格拉斯·恩格巴特（Douglas Engelbart）提出来一项研究计划，题目叫《增进人类智慧：斯坦福研究院的一个概念框架》（Augmenting Human Intellect：A Conceptual Framework to the Stanford Research Institute），在这个研究计划中，恩格巴特强调了将计算机作为一种增进智慧的协作工具来加以应用的可能性。也正是在这个研究计划中，恩格巴特提倡个人计算机的广泛传播，并解释了如何将个人计算机与"互联的计算机网络"结合起来，从而形成一种大规模的、世界性的信息分享的效应。自那时起，许多热衷计算机的人士和教育变革家，比如伊万·伊里奇（lvan ilych），发表了大量的学术文章、白皮书和研究报告，在这些文献中，他极力推进教育过程的开放，号召人们将计算机技术作为一种改革"破碎的教育系统"的手段应用于学习过程之中。在他 1971 年那篇犀利的大作《非学校化社会》（Deschooling Society）一书中，伊里奇认为，鉴于非灵活的课程和讲授式的"学习"，我们眼下的教育格局令人窒息。他提出将先进的技术整合进我们的学校系统之中，从而创造出他所称谓的"去中心的学习网络"。伊里奇断言，这种"学习网络"的建立将会反过来把更多的学生更加紧密地联系到学习过程之中，从而创造出一种更加有效的、参与式的学习。①

（二）慕课的诞生和发展

尽管在慕课背后的理念有着一个不短的历史，但是其实际的主张和成型的结构是相当新近的。2007 年，美国犹他州立大学的大卫·威利（David Wiley）教授给予维基百科了一门开放课程：《开放教育导论》（Intro to Open Education）。世界各地的用户都可以分享课程资源，参与课程创新，初现了慕课的雏形。2008 年 1 月，加拿大里贾纳大学（University of Regina）的阿利克·克劳斯（Alec Couros）教授开设了网络课程：《传媒与开放教育》（Media and Open Education），并邀请全球众多专家远程参与教学。这两个项目为慕课模式的诞生奠定了思想基础和技术准备，可说是慕课的前身。②

第一门慕课课程是由加拿大阿萨巴斯卡大学（Athabasca University）学者乔治·西蒙（George Siemens）和斯蒂芬·唐斯（Stephen Downes）设计和领导的《连通主义与连通知识》（Connectivism and Connective Knowledge）。该课程于 2008 年 9 月至 12 月向学生开设，来自曼尼托巴大学（University of Manitoba）的 24 位付费学生和来自世界各地的 2200 位免费学生在线参与了这门课程的学习。课程提纲被翻译成六种不同的语言：西班牙语、葡萄牙语、意大利语、匈牙

---

① 焦建利. 说说慕课的来龙去脉 [EB/OL]. http：//www. jiaojianli. com/1092. html，2012－08－07.

② 李青，王涛. MOOC：一种基于连通主义的巨型开放课程模式 [J]. 中国远程教育，2012（3）.

利语、汉语和德语。为使该课程顺利实施，加拿大学者戴夫·考密尔（Dave Cormier）和布朗·亚历山大（Bryan Alexander）提出了MOOC 这个名称。所有的课程内容都可以通过信息共享平台如 Rich Site Summary Feed（RSS Feed）来订阅，学习者可以用他们自己选择的工具来参与学习：比如用 Moodle 参加在线论坛讨论，发表博客文章，以及参加同步在线会议。

从那时开始，一大批教育工作者，包括来自玛丽华盛顿大学的吉姆·格鲁姆（jim Groom）教授以及纽约城市大学约克学院的米歇尔·斯密斯（Michael Branson Smith）教授都采用了这种传播方式，并且成功地在全球各国大学主办了他们的大规模网络开放课程。①

（三）慕课三大联盟成立并影响欧美其他国家的高等教育

慕课进展最重要的突破发生于 2011 年秋，斯坦福大学人工智能专家特龙和诺维格开设了"人工智能导论"课程，该课程吸引了来自 190 多个国家和地区的 16 万人参与学习。2012 年以来，似乎一夜之间，"大规模开放式网络课程"（Massive Open Online Courses,MOOC）异军突起，在世界各国大学中引发了一场网络教育的新潮流，2012 年被称为"MOOC 之年"。在这一年里，美国的多所顶尖大学，除了斯坦福大学，还有麻省理工学院、哈佛大学、普林斯顿大学等，陆续设立一种新型的网络学习平台，通过互联网向全世界的学习者提供多种形式的免费网上课程。当然，也有收费课程。很

① 刘增辉. 中国 MOOC：与其被动改革不如主动变革——访华南师范大学教育信息技术学院副院长、未来教育研究中心副主任焦建利［J］. 中国远程教育，2013（14）.

快，高等教育的三大慕课联盟相继成立，分别是 Udacity、Coursera和 edX，它们的成立很快影响到世界各地，德国、英国等高校也纷纷开发慕课。截至 2014 年 2 月 20 日，第一个慕课联盟 Udacity 成立2 周年之际，由学者统计，过去的 2 年间，全球超过 200 所大学的1200 门课程上线，平均每天上线 2 门，有超过 1000 万学生学习过慕课课程。

（四）慕课对我国高等教育的影响

2013 年 5 月 21 日，edX 发展了亚洲首批成员，包括我国的清华大学、北京大学、香港大学、香港科技大学以及日本的京都大学、韩国的首尔国立大学等高校。

2013 年 7 月 8 日，上海交通大学宣布加盟大学慕课三大平台之一的全球最大在线课程联盟 Coursera，成为加入 Coursera 的第一所中国内地高校，将和美国的耶鲁大学、麻省理工学院、斯坦福大学等世界一流大学一起共建、共享全球最大在线课程网络。当天晚间，复旦大学与 Coursera 达成一致，向 Coursera 网络免费提供中文或英文教学的在线课程。

2013 年 7 月 9 日，"在线教育发展（MOOC）国际论坛"在上海交通大学举行。会上，上海交通大学、北京大学、清华大学、复旦大学、浙江大学、南京大学、中国科学技术大学、哈尔滨工业大学、西安交通大学等 C9 高校及同济大学、大连理工大学、重庆大学等宣布：这几所学校将在"在线开放课程"标准与共享机制建设、课程建设、开展高水平大学之间的在校生跨校选课、探索基于"在线开放课程"共享的跨校联合辅修专业培养模式、实施"在线开放课

99

程"资源向社会开放等方面进一步加强合作，在实现和完善"在线开放课程"共享的基础上，逐步将平台课程资源向国内外开放，扩大享受优质教学资源的群体范围，致力于引领中国慕课发展潮流。①

2015年4月13日，教育部专门发布了《教育部关于加强高等学校在线开放课程建设应用与管理的意见》（教高［2015］3号），从总体要求、重点任务和组织管理三个方面对高等学校的慕课建设提出了一系列要求。

与此同时，许多地区也在大力建设本地的课程共享平台。比如，上海已成立了专门机构，积极推动30所成员高校的优质课程教学资源开发和共享；重庆大学发起成立了"东西部高校课程共享联盟"，目前已有60余所高校加入。清华大学的学堂在线、上海交通大学的南洋学堂等慕课学习社区已经建立。

（五）慕课在我国中小学的蓬勃兴起

2013年8月12日，由华东师范大学慕课中心牵头，中国20余所知名高中共同发起成立了C20慕课联盟（高中）。此后，9月7日，华东师范大学慕课中心再次牵头，会同全国20余所初中与小学共同发起成立了C20慕课联盟（初中）与C20慕课联盟（小学）。

此后，华东师范大学慕课中心与C20慕课联盟于2013年11月和12月分别在广东省深圳南山实验教育集团、上海市七宝中学、浙江省杭州市学军中学、江苏省镇江外国语学校、江苏省苏州国际外国语学校等地召开了"慕课与翻转课堂现场观摩与研讨会"。另外，

---

① 姜澎. C9高校将共享在线开放课程探索跨校联合辅修专业培养模式［N］. 文汇报，2013－07－10.

同年 11 月在浙江省杭州育才中学召开了"微视频制作技术"的专题培训班。这些活动受到盟校教师极大的欢迎。中国的慕课元年也已到来！①

四、上海市高中名校慕课平台的建设和上线

2016 年 2 月 17 日，"上海市高中名校慕课平台"（http：//gzmooc. edu. sh. cn）上线试运行。从 2016 年 3 月 5 日起每逢周末和寒暑假，上海市初、高中学生可用学籍号或身份证号登录平台注册、浏览课程信息和选择感兴趣的课程进行学习。"上海市高中名校慕课平台"首批课程由上海中学、华东师范大学第二附属中学、复旦大学附属中学、上海交通大学附属中学 4 所学校打造推出，系 4 校成熟的特色课程 21 个。截至 2018 年 12 月，已经有 73 所高中推出各类特色课程 276 个。

（一）"慕课平台"简介

"上海市高中名校慕课平台"是一个本市高中学校面向所有初、高中学生分享优质、特色拓展型和研究型课程资源的网络学习平台。由上海市实验性示范性高中和部分市特色高中提供课程，由上海市电教馆负责平台建设和技术服务。平台使用对象是本市的初高中学生。该平台于 2015 年 3 月启动建设，上线前开展了模拟运行、压力测试和安全测评等工作，根据模拟运行和测试测评情况对平台进行优化。

---

① 陈玉琨，田爱丽．慕课与翻转课堂［M］．上海：华东师范大学出版社，2014. 7.

（二）"慕课平台"的目标

"上海市高中名校慕课平台"统筹利用全市高中优质、特色拓展型和研究型课程资源，为本市初、高中学生提供基于网络的自主学习机会。利用信息技术手段，推进优质资源共享辐射，为学生个性化自主学习创造条件，为上海基础教育改革创新探索经验。本平台的建设目标包括以下方面。

1. 提升中学生信息化环境下的学习能力

着眼于中学生未来发展的核心素养培育，引导中学生适应网络环境下的学习方式变革，培养良好的网络学习习惯，提升自主学习能力。

2. 推进高中学校特色多样发展

慕课平台的建设和上线，有利于实现本市高中优质课程资源的共享与辐射，建设一批以中学生为对象的高质量慕课，提升高中校本特色课程建设水平，实现本市优质高中课程资源的辐射共享，促进高中特色多样发展。

3. 培养推进信息技术与教育教学融合的师资队伍

通过网络互动式自主学习，引导学生适应基于网络的学习途径和方式，促进学生学习方式变革。引导教师加强课程设计和教学研究，增强利用网络与学生互动的意识，促进教师教学方式变革。

（三）"慕课平台"课程设置

截至目前，平台共上线课程 276 门，涵盖"语言文学、数学、社会科学、自然科学、技术、体育与健身、艺术、综合实践、其他"9 个领域。"其他"类的课程有 6 门，分别是：开启高中心密码、科幻电影的人文内核、学做小程序——VB 程序入门、名师新视野、高中生涯规划、科学与艺术。由此可以看出，除了传统课程外，越来越多的新型课程已经闯入我们的视野。

（四）"慕课平台"提供的访问方式

通过平台统一门户访问地址进入（http：//gzmooc. edu. sh. cn/）（见图 3 – 13）。

图 3 – 13　通过平台统一门户访问

1. 学生登录步骤

（1）点击"登录"按钮进行登录操作（见图 3 – 14）。

图 3 – 14　登录操作

（2）点击"登录"按钮，会出现"登录提示"框（见图 3 – 15）。

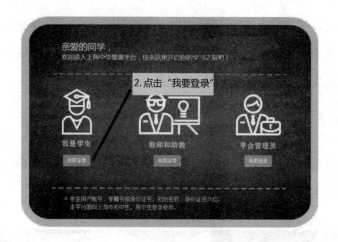

图 3 – 15 点击"我要登录"

（3）点击上图"登录提示"框中"我是学生"下的"我要登录"按钮，页面会跳转到上海市基础教育统一身份认证系统登录页面。本平台采用实名制，初中和高中学生可凭学籍号或身份证号进行登录，密码为身份证后六位（见图 3 – 16）。

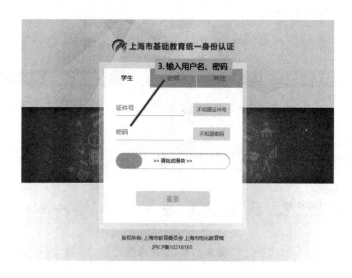

图 3 – 16 凭学籍号或身份证号登录

（4）首次登录成功，出现平台公告（见图3－17）。

图3－17　平台公告

2. 教师登录步骤

（1）通过平台统一门户访问地址进入（http：//gzmooc. edu. sh. cn/）（见图3－13），点击"登录"按钮进行登录操作（见图3－14）。

（2）点击"登录"按钮，会出现"登录提示"框（见图3－18）。

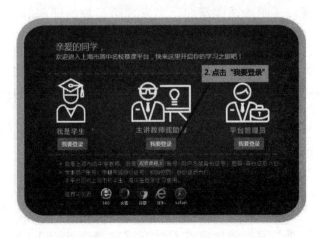

图3－18　点击"我要登录"

（3）点击上图"登录提示"框中"我是主讲教师或助教"下的"我要登录"按钮，输入用户名和密码即可进入（见图3-19）。

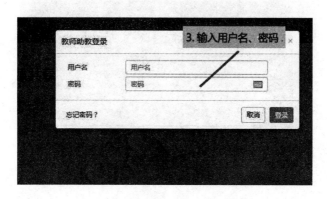

图3-19　输入用户名、密码即可进入

（五）学生如何进行选课学习

在选择某门课程前，建议学生先浏览该课程的基本信息，并通过课程预览来观看课程的第一个视频，这些信息将有助于学生在选课前了解课程，明确选课意向。当发现感兴趣的课程后，进入该门课程的"课程信息"页面，点击"立即参加"即可加入本门课程。每位学生最多可以同时加入4门课程进行学习。如果学生选了四门课程后又发现更感兴趣的课程，可以学完一门或退学一门后可再选。选课后，进入"个人空间"，此处显示了学生在平台中已经学完或者正在学习的所有课程。

（六）学生何时可以进行课程学习？

参与慕课学习的学生可在双休日或寒暑假8：00—20：00自主

确定时间进行视频学习，一般每门课 6—10 个视频不等，每个视频一般 10 分钟之内，并可在学校课程讨论区开放时间参与集体研讨。

（七）课程学习中，学生如何开展互动讨论

学生在学习某门课程的时候，可以在平台的讨论区开展互动。课程讨论区开放时间由学校设置，并在该时间内有相应的主讲老师或助教进行指导，讨论区每次开放一般 2 个小时左右。讨论区分为发表见解、提出疑问、成果展示、内容纠错和技术咨询这五类，可以帮助学生明确他们在平台中讨论哪些类别的问题。学生根据课程公告中的讨论区开放时间，在指定时间段内进入讨论区进行集中交互研讨。

（八）学完课程如何获得证书

当学生的课程学习经历和课程学习综合表现满足了开课学校对证书获取要求后，即可获得由课程授课教师签名、高中学校认证和发放的证书（见图 3 - 20）。

图 3 - 20　慕课证书

（九）慕课平台对运行环境有什么要求

为了确保本平台能够良好的运行，建议以下配置。

（1）网络要求：能够正常访问 Internet。

（2）操作系统：Windows XP 及以上，或者 Mac OS 系统。

（3）浏览器：360 浏览器、Firefox、Chrome、Opera、Safari、IE8 及以上等主流浏览器。

（十）学生在平台使用中遇到技术问题如何获取帮助

平台为学生提供了三种求助渠道：

（1）在平台首页点击"使用帮助"，进入平台帮助中心查看操作指导。

（2）在平台首页最下方点击"使用帮助下载"，通过帮助文档查看操作指导。

（3）上海电教馆为本平台配置了专门的客服支持团队，在平台首页最下方可获取客服支持信息（客服电话：400 - 631 - 5955；邮箱：gzmooc@126.com；QQ：2130133701）。

五、美术慕课的案例解析

笔者以及研究团队中另一位老师所在的学校也属于市实验性示范学校，2018 年我们开发了《名画鉴赏》《漆彩东方——中华漆艺术》两门慕课，并且在上海市高中名校慕课网站上线。我们觉得，美术慕课除了要符合一般慕课的结构要求外，还要加强审美鉴赏、人文背景、文化内涵等方面的力度。以下将两个慕课案例进行分享。

美术慕课案例 1：《名画鉴赏》

在慕课开发前，首先要填报一份"上海高中慕课中心慕课上线申请表"，内容包含：课程名称（中文）（英文）、主讲教师、学校、邮编、联系人、联系电话、手机、电子邮箱、开课时间、开放讨论周期、学科类别、主讲教师简介、课程介绍、课程公告、学习目的、适用对象、学习内容、模块设计说明（填写各模块的主要内容与学习时间）、拓展资源、证书要求、预备知识、参考资料。最后是学校学术委员会意见、学校意见、市级专家复核意见。

以下是课程的主要信息摘要。

（一）慕课信息

1. 课程介绍

《名画鉴赏》课程，重点介绍 6 幅世界名画，带领学生了解名画的创作背景、作者信息、艺术特色、社会影响力等，从而喜爱古今中外的经典名画并学会鉴赏，将名画鉴赏作为日常的自觉行为，提升审美能力。

2. 主讲教师

彭学军，任教于上海市洋泾中学。

3. 课程公告

本课程共 6 个课时。开放学习时间为：从 2018 年 8 月 13 日开始至 10 月 13 日。

4. 学习内容

共分为 6 个模块，分别是《洛神赋图》《步辇图》《韩熙载夜宴图》《最后的晚餐》《拾穗者》《向日葵》。

5. 模块设计说明

模块 1　名称：洛神赋图

主要内容与形式（格式）		时间
学习视频 1	《洛神赋图》是中国十大传世名画之一，是东晋画家顾恺之的作品。在现存的中国古代绘画中，《洛神赋图》被认为是第一幅改编自文学作品的画作。取材于三国时代文学家曹植写的《洛神赋》一文。主要讲述了主人公在经过洛水的时候，遇见洛神的爱情故事。构图采用了类似于当代连环画的表现形式，将不同地点和时间发生的故事放置在同一幅画中。比例采用的是主观的表现手法，对重要人物进行拔高扩大处理。设色淡雅朦胧。《洛神赋图》是中国历史上第一件"纯艺术绘画"。（MP4）	00：08：47
问题探讨 1	思考题：能否上网搜索画家顾恺之的生平、主要功绩、人物评价、个人作品、轶事典故等相关信息，并和同学们交流。	

模块 2　名称：步辇图

主要内容与形式（格式）		时间
学习视频 1	《步辇图》是中国十大传世名画之一，是唐朝初期画家阎立本的名作之一。是以贞观十五年吐蕃首领松赞干布与文成公主联姻的历史事件为题材，描绘唐太宗接见来迎娶文成公主的吐蕃使臣禄东赞的情景。此画构图错落富有变化，疏密有致，重点突出，节奏鲜明。色彩偏暖，突出喜庆场面。《步辇图》小型张邮票发行于 2002 年 3 月 16 日，它的面值为 8 元，发行量 1290 万，是国家邮政局 2002 年发行的第 5 套新邮，同时也是 2002 年发行的第一枚小型张。（MP4）	00：08：52
问题探讨 1	思考题：你对文物修复怎么看？请在课内和同学们交流。	

模块3 名称：韩熙载夜宴图

	主要内容与形式（格式）	时间
学习视频1	《韩熙载夜宴图》也是中国十大传世名画之一，是五代南唐画家顾闳中的作品。韩熙载是北方的显贵，由于其父亲被卷进了一场兵变导致被杀，并且株连到整个家族，迫使韩熙载不得不逃往江南，以避祸乱。韩熙载是一位有志向的大臣，曾经多次进谏主上乘国力强盛时期，征伐北方，统一中国，成就一代霸业。后来又由于北方的赵匡胤取代后周，做了北宋的开国皇帝，实际威胁着南唐政权的安全。此时，李后主有意起用韩熙载为相，以挽狂澜，但韩深感大势已去而不愿受任，于是借纵情声色来搪塞，后主乃命顾闳中夜至其第，窃窥之，目识心记、图绘以上之，于是就有了传世名作《韩熙载夜宴图》。（MP4）	00：07：39
问题探讨1	思考题：据说《韩熙载夜宴图》有好几个临摹版本，你能否找出其他版本，加以比对、分析其艺术处理手法。	

模块4 名称：最后的晚餐

	主要内容与形式（格式）	时间
学习视频1	《最后的晚餐》是文艺复兴时期三杰之一的达·芬奇于1495年受卢多维科公爵的邀请而创作的壁画作品，画在米兰圣玛丽亚感恩修道院大厅北墙上。作品取材于《新约全书·马太福音》第26章犹大出卖耶稣的故事：据说耶稣的门徒犹大为30枚银币出卖了耶稣，在逾越节的晚上，耶稣知道要被钉在十字架上，就和12个门徒共进最后一顿晚餐。此画的艺术特色首先体现在构图上，这是一幅众多人物场景的画面，共13个人，画面形式感很强，采用了分散集中、多样统一的构图方式。焦点透视加强了画面的纵深感，天花板的透视线和桌边的平行线全部汇聚于耶稣的头部。此画多处用了对比手法。所有人物都没有圣光，体现了人文主义的核心思想。（MP4）	00：08：21
问题探讨1	思考题：能否再找一幅达·芬奇的其他作品，加以赏析。	

模块 5　名称：拾穗者

	主要内容与形式（格式）	时间
学习视频 1	《拾穗者》又名《八月》，是法国巴比松派画家米勒于 1857 年创作的一幅布面油画，现存放在巴黎的奥塞美术馆中。此画米勒描写的是秋季收获后，人们从地里拣拾剩余麦穗的情形。画面的主体是三个弯腰拾麦穗的农妇，画面中她们没有愤怒，没有埋怨，只有——忍受、谦卑和忠实。这幅画，米勒采用横构图，画面三分之一处的地平线将天空和地面隔开，着重描绘地面部分。画面整体使用了迷人的暖黄色调，红、蓝两块沉稳浓郁的色彩融于柔和的黄色调子中，使整个画面安静又庄重。此画影响深远，被热心者用来鼓吹新政治，作为宣传民主的象征，米勒甚至被人们奉为社会的先知。（MP4）	00：07：37
问题探讨 1	思考题：能否再找一幅米勒的其他作品，加以赏析。	

模块 6　名称：向日葵

	主要内容与形式（格式）	时间
学习视频 1	《向日葵》是梵·高于 1889 年创作于法国阿尔小镇。梵·高在阿尔居住期间，强烈地爱上了遍地生长的巨大的金色向日葵。从 1888 年起，梵·高就开始大量地进行向日葵的写生。据说，梵·高生前一共画过 11 幅向日葵，其中 7 幅是在阿尔完成的。这幅十五朵向日葵是其中最著名的，被荷兰阿姆斯特丹国立梵·高博物馆收藏为镇馆之宝。这幅画构图饱满有张力，15 朵形态各异的向日葵，或绚烂或枯萎，或隐或现，充满了律动感及生命力。整幅画以淡黄色为背景，以深黄色为主色调。画面以线条为主勾勒对象，线条短而弯曲，充满个性。运动感的和旋转不停的笔触厚重有力，使画面带有雕塑感。梵·高对于向日葵的挚爱，也是对太阳的礼赞，是他历经沧桑之后对生命意义的体味与确认。因此有专家认为，梵·高画向日葵即画太阳，也是画自己。他的作品直接影响了法国的野兽主义、德国的表现主义等。（MP4）	00：08：44
问题探讨 1	思考题：能否再找一幅梵·高的其他作品，加以赏析。	

6. 证书要求

进行视频学习，完成课后练习，展开讨论。

7. 预备知识

具备一定初中阶段的美术鉴赏知识。

（二）慕课拍摄制作

通过审核后，进入到拍摄制作阶段。本课程是在华东师范大学开放学院拍摄制作的，拍摄的方式是大屏幕显示 PPT，真人出镜当场讲解（见图 3−21）。

图 3−21　《名画鉴赏》慕课拍摄

由于事先准备充分，拍摄过程很顺利，基本上是一气呵成。后期剪辑大体上也是由开放学院摄制组来制作。当然，笔者最后查看时，又发现了一些细节问题，因此，借助 Camtasia studio、AVS Video Editor 等视频编辑软件再做了调整，以确保慕课视频的质量。

（三）慕课上线学习

该课程 2018 年 8 月 13 日首次上线，学生可以登录慕课平台进行课程预览，观看模块 1《洛神赋图》的视频，然后再决定是否要选择该课程。进行课程学习时，会显示所有的 6 个模块内容（见图 3 - 22），学生可以按顺序观看学习，也可以打乱顺序学习。前 3 个模块是中国的绘画作品，后 3 个是西方绘画作品，它们之间按时间先后排序，并无其他的关联。

本课程第一轮上线，选课的学生有 28 人，3 人收藏；完成率 30%，退选率 30%，中断率 4.6%，完成人数 12 人，发帖人数 16 人；有 13 位学生认真完成了课程笔记。

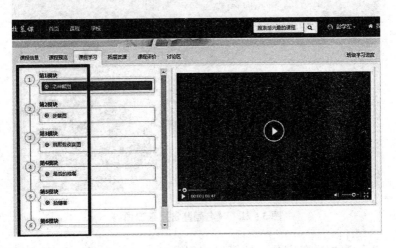

图 3 - 22 《名画鉴赏》慕课的 6 个模块

（四）慕课讨论区

在热门讨论区，共有 16 条帖子，有 10 位学生发表了见解，如赵××同学通过学习，发了4条帖，比如他说："画是画家灵魂的投入，深情的自白，这门课着实让我了解了中外名画，丰富了我的文化底蕴。""1963年，故宫博物院按照正常的工作程序，曾对《步辇图》卷进行过重新修裱。我认为古画修复要坚持以旧修旧，保持作品的本来面貌和历史韵味。"又比如王××同学也发了4条帖子，她说："通过课程学习，欣赏了美，了解了巨匠们是怎样来展示美的。还从艺术作品里读到了中国古代的风俗。""最喜欢老师讲梵·高的那一课。梵·高说过一句话：我心里有一团火，旁人只看到了烟。跟老师说的很像。我认为梵·高本身也是一个热忱、乐于助人的人，但是因为他那团火烧得太旺盛，再加上他不定期的精神病发作，别人把他认作了一个可怕的人。他们不愿意把梵·高当作自己的朋友，更别说知己了。所以梵·高的一生是在孤独之中度过的，很悲惨。我对神秘的他很感兴趣。现在已经迫不及待地想去看最近在威尼斯电影节获奖的那部梵·高的纪录片了！"从这些帖子中，可以看出这两位学生慕课学习非常认真，针对教师的思考题，能发表自己独特的见解。

（五）慕课评价

在课程评价这一块，有5位学生给出了五颗星的满分，并且给予了很好的评价（见图3-23），非常感谢同学们的认可和鼓励！

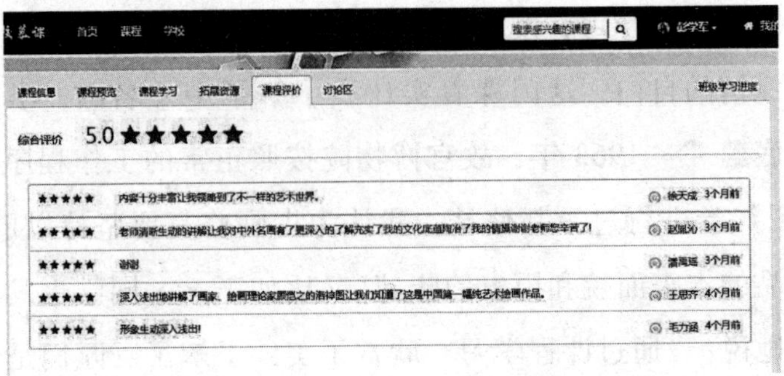

图3-23 《名画鉴赏》慕课评价

（六）慕课证书

有12位学生学习进度100%，视频观看数6个，发帖数起码一次，并且进行了交流分析和笔记分析，圆满完成了学习任务，因此他们获得了《上海市高中名校慕课认证证书》（见图3-24），授课教师也获得了《慕课建设成果认定证书》（见图3-25）。

图3-24 学生获得上海市高中名校慕课认证证书

图3-25 教师获得慕课建设成果认定证书

美术慕课案例2:《漆彩东方——中华漆艺术》

(一) 慕课信息

1. 课程介绍

漆艺是一门从传统而来、传延至今的工艺美术门类,也是我国重要的非物质文化遗产。我国先人的用漆历史可以追溯到距今5000多年前的河姆渡时期。当代漆艺主要包括立体的漆器和平面的漆画。工艺技法的多样性、材料的丰富性是漆画的优势,只有掌握好漆工艺表现技法,同时又具备了一个艺术创作者的基本素质时,才能较好地完成漆画创作。

我们在课程设置上,首先让学生对于漆画材料有充分的认识和了解,然后循序渐进地掌握漆艺的相关技法。结合自身的艺术修养和审美趣味,最后完成作品。

2. 主讲教师

朱止庐,任教于上海市川沙中学。

3. 课程公告

本系列课程共6个模块，开放学习时间为：从 2018 年 8 月 30 日至 2019 年 9 月 13 日。学习时间为寒暑假、法定节假日及双休日 8：00 至20：00。答疑辅导为周六 19：00 至 21：00。

4. 学习内容

共分为6个模块，分别是《漆艺概述》《漆艺中的材料与工具》《漆艺镶嵌技法》《漆艺变涂与罩染》《漆艺打磨推光与揩清》《漆画的创作与欣赏评述》。

5. 模块设计说明

模块 1　名称：漆艺概述

	主要内容与形式（格式）	时间
学习视频 1	漆艺是一门从传统而来、传延至今的工艺美术门类。我国先人的用漆历史可以追溯到距今 5000 多年前的河姆渡时期。在 2006 年，漆工艺也被国务院列为第一批国家级非物质文化遗产。漆艺主要包括立体的漆器和平面的漆画。漆艺之漆主产地区在东南亚，我国是产漆大国，有着历史悠久的漆艺文化。战国及秦汉时期，我国漆艺已经发展至高峰，元明清时期的雕漆也享有盛誉，所以说漆艺天然就有东方文化色彩，上海的松江，金山的朱泾、枫泾等地区都曾出过一批著名的漆艺高手，我国古代漆工艺的经典著作《髹饰录》的注释者杨明就是今天的西塘人。上海及临近区域的漆艺有着悠久和深厚的历史传统。除上海之外，各地都有自己独特的漆艺技法，如北京的金漆、福建的脱胎、扬州的点螺、平遥的彩绘等，尽管各地漆艺事业正在有条不紊地发展，漆艺却依旧属于小众艺术，这是由于过高的成本、传承人缺乏、行业生态失衡等原因导致的，为了更好地传承保护这一优秀的非物质文化遗产，我校专门成立了漆艺工作室，引导非物质文化遗产走进校园，为同学们提供专业级漆艺传习地机会，教导同学从 "技" 和 "艺" 的角度去审视并创作漆艺作品。我们在课程设置时，首先让学生对于漆画材料有充分的认识和了解，这样才有利于学生根据作品效果，来选择合适的漆画材料，在创作时也能事半功倍。（MP4）	6 分钟
问题探讨 1	初步了解与漆艺术有关的信息，如漆材料、漆的传承、地域分布等。并进行网络研讨。	

模块2 名称：漆艺中的材料与工具

	主要内容与形式（格式）	时间
学习视频2	漆艺的制作需要特殊的材料和工具。现代漆艺用漆大致可分为三种，大漆、合成大漆、化学漆。从环保健康的角度，我们提倡在教学中使用大漆，大漆原色深沉，通过加入不同的矿物质材料，可制成不同的色漆。需要注意的是，大漆会使人体皮肤过敏，根据体质的不同，每个人的过敏反应也不尽相同，因此在工作前要做好防护措施，并且养成良好的工作习惯。过敏后调整休息数日即可恢复，且无后遗症！除了大漆，漆画中底板也非常重要，凡平整无凹凸、不吸潮、不变形、不开裂的硬质材料都可以作为漆画底板。常用的漆稀释剂有松节油、樟脑油、香蕉水等，凡能构成材质美、肌理美、色彩美的硬质材料都可以嵌于画面。例如蛋壳、骨、牙、玉、石等。镶嵌材料不分贵贱，只要适合均可用于漆画。贴箔通常使用金属材料，金可以看成黄色颜料，有金箔、金箔粉、金泥等，银可以看成是白色颜料，有银箔、银箔粉、银泥等。由于成本原因，金箔可用铜箔替代，银箔可用铝箔替代。变涂材料，主要有棕丝、树叶、谷物、豆子等，起到令涂漆不平的作用，是漆艺中制作肌理的主要方式之一。漆艺常用的工具分为，髹涂用工具、研磨用工具、描绘用工具、撒播镶嵌用工具、雕刻工具、推光工具等。漆刮用于挑漆、调漆灰、刮灰、刮漆，调半色漆、清除杂质、挑去飞尘、清理漆刷等。牛角刮刀坚韧有弹力，油画刮刀也可。雕塑刀、角、牙、木质均可，用于堆塑、填补之类较细致的工作。研磨材料有水砂纸、磨石、人造魔石、木炭、头发等，水砂纸的粗细有多种型号，80号到2000号是从粗到细，型号不同、粗细不等，功能也不同，用木块打磨，磨得平顺且省力。绘画材料有各种类型的勾线笔、狼毫笔、发刷、牛角刮刀、羊毛刷等，值得注意的是，漆画用笔一定要清洁干净！或晾干，或放入油内浸泡。推光用工具有细瓦灰、钛白粉、爽身粉、植物油等。另外，用女人发团蘸水拌瓦灰，可擦去漆面之磨痕，等于是一次细磨。（MP4）	6分钟
问题探讨2	熟悉并能够辨识漆艺中常用的工具和材料。并进行网络研讨。	

模块 3　名称：漆艺镶嵌技法

主要内容与形式（格式）		时间
学习视频 3	立体的漆器和平面的漆画是漆艺的两种主要形态，在漆的材料和技法上是可以相互融通和借鉴的。人们利用漆的黏性用来粘贴自然界中具有天然美的素材，如贝壳、金银、玉石等，于是有了镶嵌技法，与其他画种相比，在画面上做镶嵌是漆画技法的一大特色，常用的有金属镶嵌、螺钿镶嵌、蛋壳镶嵌、漆皮镶嵌等。在漆画中，材料选用应更多地考虑画面的艺术效果，只有相得益彰才能凸显材料的材质美，哪怕是最普通的蛋壳，也可以创作出符合意境美的作品，接下来就为大家来演示蛋壳镶嵌的基本步骤。在钛白粉末被发现之前，漆画中的白色与亮色一直是绘画用色中的短板，蛋壳镶嵌所形成的白色起了救驾的作用，蛋壳镶嵌技法的朴雅与质感的营造成为漆画的一大特色，蛋壳镶嵌有很多种方式，有正嵌、反嵌、疏密嵌、错杂嵌、多层嵌等。在这里，老师为大家演示正嵌与反嵌。除了蛋壳镶嵌之外，还有金属镶嵌、螺钿镶嵌、漆皮镶嵌等。凡以金属，如金、银、铜、铝、铂等薄片嵌于漆面的，均为金属镶嵌，多为镶面也可镶线，此法，我国古称"金银扣"，又称"平脱"，螺钿片有厚薄之分，厚的硬，薄的软，螺钿还有白螺片和彩螺片之分，有的白螺片成半透明状，可在反面衬色，彩螺片则在黑色或深色底面上更能显。螺钿镶嵌与金属镶嵌之间基本上只是镶嵌材料的区别，其绘制方法差别不大。作为漆画创作，应该更加关注材料技法，在画面上产生的视觉效果，以及视觉效果和主题意境的关系。如彩螺的运用要注意度的把握，过了反而会产生艳俗之感。（MP4）	6 分钟
问题探讨 3	熟悉漆艺中典型的镶嵌技法。并进行网络研讨。	

模块 4 名称：漆艺变涂与罩染

主要内容与形式（格式）		时间
学习视频 4	堆漆研磨是磨漆画的主要手法。通过多变的漆色堆叠，平面的漆画板上制造高低不平似浮雕效果，并结合贴箔罩明等技法，预埋各种效果做加法，然后通过研磨至一定平面后，呈现自然、丰富微妙的肌理效果，做减法，达到磨漆画的独特效果。变涂是日本术语，我国古称"彰髹"，变涂与堆漆不尽相同，变涂中结合的工具方式更加多样。在平板上造成肌理称"起纹"，变涂的多变，决定于起纹手法的多变。下面归类做简介，以漆画工具或特殊工具，运用刷、抹、滚、擦、刮、拉、刻等手法，造成各式各样的纹理。运用刮刀的刮、拖手法起纹，让漆色有厚薄、拖纹变化，干燥后罩透明推光漆数道。凡在未干的漆面上可印拓出痕迹的物品，都能用作起纹的媒介物。如树叶、荷叶、棕丝、树皮、麻布、塑料膜、丝网、机械零件等。首先将金地漆用发刷平刷，用手掌拍打漆面以提高均匀度，掌握好金地漆将干未干的火候，漆根据温度湿度的不同，干燥有快慢，可用小手指轻点漆面，提起时有清脆声响而手指又不沾漆为佳，未到火候不但废料而且没有光泽，超过火候会粘不饱满，甚至粘不上，需要返工重来。之后就可以贴箔了，贴箔时应注意运用"抽拉"的手法。凡在金、银、铝或朱、黄、白等浅色底上照透明漆，再经研磨而出现深浅浓淡变化的技法，统称罩漆。金地罩漆是指在金银或铝箔底上用漆发刷涂透明漆1—2道，画面成红棕色，由于金属色的反射作用，再加上研磨造成的厚薄变化，透明漆的红棕色会产生丰富的深浅变化，并且有光泽感，是其他画种难以企及的。若在透明漆中加入立索尔红、酞菁蓝、酞菁绿等透明色，如大家所见，银箔的反射作用会呈现宝石般的红、蓝、绿色。（MP4）	6分钟
问题探讨 4	熟悉漆艺中变涂与罩染有关的技法要点。并进行网络研讨。	

模块5　名称：漆艺打磨、推光与揩清

	主要内容与形式（格式）	时间
学习视频5	传统意义上的漆画作品，特别是磨显类漆画，都需打磨推光，用大漆绘制的还要进行揩清。打磨时，一般先用80—600号水砂纸包木块初磨，用1000—2000号以上的水砂纸或木炭细磨精磨。可以用打磨器提高效率，但须慎用，因为图快而前功尽弃的教训还是有很多的。打磨分效果打磨与平整打磨两种，前者如同画画，通过打磨把预期的效果一步步磨显出来，磨多磨少与磨明磨隐，磨的动作与力度都很讲究，要胆大心细，必须适可而止。都要积累经验，此时既是享受收获的过程，也是锻炼毅力的过程，后者更多的是技术活，要注意因时因地。选择包裹水砂纸的木块或石块的大小长短，以控制平整度，出现局部凹陷时，可局部反复涂罩所需漆色，反复打磨方可达到画面的整体平整，在整体打磨平整的基础上进行推广，这是要求画面平、光、亮的漆画的必备程序，一般用花生油蘸瓦灰用手掌推亮，面积大时可使用推光器具。揩清是传统的技艺技法，在打磨好的漆画上，再用棉花或棉布，蘸上好提庄漆，均匀极薄地揉于漆面之上，再用干净棉花擦拭，干后快速推光揩清，重复多次，直至漆面产生深邃内敛之光泽。漆画绘制过程中，也会遇到意外的偶发现象，顺势而上，或许会得到意想不到的效果。必要时还可调整原定计划，做新的探索，当然结果可能很好，也可能很不好，这种过程都是漆画创作者需要经历的过程，只有敢于探索未知，才有机会享受乐趣，或许这正是漆画创作的魅力所在！（MP4）	6分钟
问题探讨5	了解漆艺中有关打磨、推光与揩清的相关工艺。并进行网络研讨。	

模块6 名称：漆画的创作与欣赏评述

	主要内容与形式（格式）	时间
学习视频6	现代漆画是物质与精神一体的艺术形式，应该具备艺术个性、民族特色、时代精神的特征，以表现当代人的生活、情感、观念。漆艺的表现技法种类繁多，肌理和材质的美感是现代漆艺创作者所要探索和研究的，而艺术性更是作为绘画而言的漆画努力去追求的，因此我们在评判一幅漆艺或漆画作品时，不仅要关注其材质技法的运用，还要关注其形式语言人文特征、创意表达、时代气息文化、内涵等方面的表达，接下来请川沙中学漆艺工作室的同学为大家来介绍他们的作品创作思路：夏××同学介绍漆画作品《梦》，镇××同学介绍漆画作品《无为》。两位学生对漆画作品《梦花神》进行鉴赏评述。教师也对这幅以山海经中题材创作的作品进行了评述。并指出：对他人作品的欣赏与评述也是漆画学习的重要组成部分。其实漆画和其他很多画种一样，在欣赏评述时有一般规律可循。比如，我们可以从画面的形式感和描绘的内容上展开评述，在这件作品中采用了一种对角线的构图法，注意疏密变化、虚实变化等。从漆画的技法层面来看，画面中运用了蛋壳正嵌，颗粒起纹与皱梭起纹的变涂法，在完成阶段还使用了打磨、推光、揩清的工艺，使画面保持了漆画特有的温润、典雅的美感。变涂技法的运用，使得画面的过渡自然，对比十分微妙。欢迎有兴趣的同学在本次慕课学习完成之后，申请加入川沙中学漆艺工作室，川沙中学漆艺工作室为同学们提供专业漆艺学习的机会。（MP4）	9分钟
问题探讨6	了解漆画创作与欣赏的一般思路；能够独立运用绘画语言、技法语言去欣赏评述一件漆画作品。并进行网络研讨。	

6. 证书要求

完整学习所有视频内容，并在讨论区发表学习体会和感想，经学校核准后即可获得证书。

（二）慕课录制上线

通过审核后，进入到拍摄制作阶段。本课程是一家专业的制作公司上门进行拍摄制作的，拍摄的方式是真人出镜当场讲解（见图3-26）。最后上线的慕课视频也是经过反复打磨修改。

图3-26 《漆彩东方——中华漆艺术》慕课录制上线

（三）慕课学习

该课程2018年8月30日首次上线，同样的，学生可以登录慕课平台进行课程预览，观看模块1《漆艺概述》的视频，然后再决定是否要选择该课程。

由于本课程上线时间较晚，所以到目前为止，选课的学生只有6人，3人收藏；完成率25%，退选率25%，中断率9%，完成人数2

人，发帖人数1人；有1位学生认真完成了课程笔记。

（四）慕课讨论区

在热门讨论区，有一位参加朱老师漆画拓展课的学生镇熙宇发了帖："虽然花了很久时间，历经艰辛，但是成果非常棒。最有意思的是草稿和最后成品还不太一样，而且效果都不错，不过好像还是更喜欢草稿。"并且展示了自己的漆画成果。

（五）慕课评价

在课程评价这一块，朱止庐老师也获得了五颗星的满分好评（见图3-27）。当然，截至目前，该课程还在进行中，因此学习讨论还在继续中，包括慕课证书也要等课程结束后才发放。

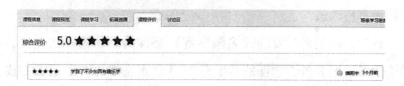

图3-27　《漆彩东方——中华漆艺术》慕课评价

慕课课程实践反思：

1. 相对于微课，慕课真正体现出大规模、开放性、基于网络、自主性的特征

以川沙中学朱止庐老师的《漆彩东方——中华漆艺术》慕课为例，相似的内容他也开发成了微课《中华漆艺术》，通过比较，发现两者之间明显的区别。从容量上说，微课更多的是为了一节课或者一个单元课，聚焦在一个知识点或者一个技能的学习，因此突出

"短小精悍"的原则，时间只有 5 分钟。而慕课所包含的容量就很大，从《漆艺概述》《漆艺镶嵌技法》一直到《漆画的创作与欣赏评述》，共 6 个模块，每个模块都进行了具体展开，详细介绍，用时40 分钟。从受众面来说，微课更多的是面向班级制的在校学生，而慕课则可以面向外校的所有学生，只要对该课程感兴趣的学生都可以报名学习。慕课更强调自主性，评价方式是双方的，学生可以自主选择课程，中途也可以退订重新选择，对教师的讲课进行打分评价。教师可以通过讨论区学生的表现进行评价。微课则是辅助教学重难点的突破，更多的是教师在对学生学习效果的检测中评价学生，对学生的学习过程介入更多干预，以促进教学目标的达成。

2. 作为慕课开发者，经历了课程设计、录制、后期、上线、互动、查阅作业等流程，收获很多，能力也得到提升，同时觉得有些方面还有待改进

首先，以笔者开发的《名画鉴赏》慕课为例，第一次上线，从学生学习情况分析，选课的学生有 28 人，退选率 30%，最后完成人数 12 人。选课学生的人数虽然不算少，但绝对也不算多，中间还有退选的学生，这其中除了有一批高三学生学业较重，没有坚持到底，教师要反思在课程趣味性上应有所加强，以吸引学生持久的学习兴趣。其次，对学生选课方向最好有一个引导，比如，朱老师的《漆彩东方——中华漆艺术》属于非物质文化遗产的优秀项目，应当加以传承和保护。但从学生选课的情况看，并不乐观，正如朱老师自己在课程里也提道：漆艺有着悠久和深厚的历史传统，各地都有自己独特的漆艺技法，尽管各地漆艺事业正在有条不紊地发展，漆艺却依旧属于小众艺术。因此，在选课前给予学生适当的建议和引导，

让学生参与学习，能够更好地传承保护这一优秀的非物质文化遗产，培养学生"坚守中华文化立场，展现中华审美"的文化自觉和自信。最后，上海市高中名校慕课网是个新兴的学习平台，从 2016 年上线至今，虽然只有两年时间，但已经取得了很好的成效。可是在某些方面还需要加强，比如宣传力度、评价和管理机制等。就笔者所在的区域，就有很多学校的学生并没有参与到慕课的学习中，因此，如何发挥资源优势，鼓励更多学生积极主动参与其中，值得我们深入思考并不断改善。

慕课有着短暂的历史，但却有着漫长的过去，是长期以来在线教育、远程教育和开放教育发展的结果，其本身也经历了孕育、产生、建设、发展、应用等过程，华南师范大学焦建利教授使用技术成熟度曲线（Hype Cycle）模型对慕课的发展进行分析，可以看出，当前慕课依然处于应用模式的探索阶段，慕课从当初的极度兴奋状态过渡到了冷静、理性发展阶段。

思考题：

（1）你做过微课吗？使用了什么方法制作的？对突破教学重难点有什么帮助呢？能否和大家分享一下？

（2）你对慕课有多少了解呢？本书中提到的上海市高中名校慕课平台的建设对你有所启发吗？如果请你开发一门慕课，你有什么好的设想？

第四章

定格动画走进美术课堂

第一节 关于定格动画

定格动画以其短小精练的故事语言、方便获得且价格低廉的材料、平易近人的后期处理技术，一直以来都是各年龄阶段学生制作小动画的首选形式，随着移动时代各种功能性的 App 的发展，定格动画的制作将变得更简单、更快捷、效果更出色，因为这一切只需要使用我们的手机就可以完成。

一、定格动画概念

定格动画（stop - motion Animation），正如它的名称所述，是通过逐格地拍摄对象，然后使之连续放映，从而产生仿佛活了一般的人物或你能想象到的任何奇异角色，是一种独特的动画表现形式。这种动画形式的历史与传统意义上的手绘动画（Cel Animation）历史一样长，甚至可能更古老。定格动画的场景一般由混合材料、黏土、木偶等来制作的，材料不限，只要可以拍摄的材料都可以用来做定格动画，这种多样化的材料应用传达出的特有效果也是定格动画有别于其他动画形式的特有魅力。定格动画的制作流程一般分为脚本编写—绘制分镜头—角色设定和制作—道具场景制作—逐帧拍摄—后期合成。

许多学术资料中把"定格动画"定义为由各种材料制作出来的材料动画，与手绘动画、电脑动画共同构成了动画的三大类。其实，动画发展到现在，三大类的界限早已被打破，我们需要重新定义动画的类别了。

二、定格动画发展简史

1907 年，在美国维太格拉夫公司的纽约制片场，一位摄影师发明了这种利用连续摆拍摄影，使拍摄对象的动作连贯起来，犹如鲜活的生命，可以产生各种有趣的效果，从此动画世界的新大门被打开了，这种"逐格拍摄法"的奇妙方法很快在一些早期影片中大出风头。如《闹鬼的旅馆》（1907 年，斯图亚特·勃拉克顿）中，一把小刀在自动切香肠，仿佛被一只看不见的手操纵着。在 1907 年的《奇妙的自来水笔》中，一支自来水笔在自动书写。

在 20 世纪初期，定格动画在日益完善的卡通动画的光芒下有些暗淡无光，随着美国几大成功的商业卡通形象风靡世界，"动画片"的定义似乎已经被手绘动画所独占。20 世纪二三十年代，定格动画一直在一些小型制作和先锋派的实验性电影中徘徊。其中让·班勒维和雷内·贝特朗使用一些活动的着色石膏像，创造了一部惊人的影片《蓝胡子》（1937年），它结合了雕像和木偶的特色加上戏剧性的活动照明效果，开辟了定格木偶动画的新方向。

定格动画真正在大银幕上大放异彩始于一部不朽的幻想电影——《金刚》。特级先驱威尔斯·奥布莱恩在这部真人和模型人物合成的片子里充分发挥了他天才的想象力。当巨大的金刚在浓雾弥漫的山谷里和巨蛇、翼龙搏斗时，观众们仿佛真的面对了那些史前巨兽，而金刚在帝国大厦顶端抓住犹如玩具般小飞机的场面已经成了20世纪电影史上最经典的镜头。

1907—1950年间，奥布莱恩拍摄了一系列怪兽电影，如《失落的世界》《巨猩乔扬》《金刚之子》等，自此开创了幻想片中使用定格动画巨兽的风尚。

之后，由于电脑动画技术日益完善，非常接近真实生物的电脑角色渐渐取代了定格动画在拍摄电影中的地位，例如，导演斯皮尔伯格曾经试图用仿真定格模型拍摄《侏罗纪公园》，但定格动画师们无法制作出动作完全真实的恐龙，最后还是采用了令该片大出风头的电脑技术。可以说定格动画的黄金时代自此划上了一个句号。

但这种动画形式不可替代的魅力仍然被一些导演青睐。其中有以拍摄哥特式幻想题材出名的鬼才——美国的蒂姆·伯顿。他于1993年推出了效果十分惊人的《圣诞夜惊魂》，至今尚无人能够超越其中百老汇音乐剧和造型绝妙的木偶的完美结合。

20世纪80年代末，在英国，阿德曼公司的尼克·帕克创造了风靡全球的《华莱士和阿高》系列，再次掀起制作定格动画的高潮。华莱士和阿高也成了黏土动画史上最出名的角色。整个公司团队也在 1999 年拍出了《小鸡快跑》这样的经典，更是风靡全球。该工作室出品的动画体现了特殊的英国风格，以轻松幽默的人物刻画、精致的拍摄品质著称。英国阿德曼（Aardman）工作室的定格黏土动画代表作有《超级无敌掌门狗》系列、《小鸡快跑》《小羊肖恩》。

今天，世界性的定格动画热潮仍未退去，每年都有相当多的新作品出现。中国也有一批经典定格动画，例如，《阿凡提》（木偶）、《神笔马良》（木偶）、《孔雀公主》（木偶）、《曹冲称象》（木偶）、《东郭先生和狼》（皮影）、《大花和小花》（布艺）、《老鼠嫁女》（纸偶）、《猪八戒吃西瓜》（剪纸）、《猴子捞月》（剪纸）。

在很长一段时间里，大家都在争论定格动画和手绘动画以及电脑动画究竟哪个更好。可能我们的前辈们万万没有想到的是，在几十年后，由于信息技术的发展，新媒体技术手段的普及，制作动画已经如同摄影一般，成为一种大众化的艺术创作手段。历经近百年的发展，定格动画的材料应用形态在随时代与科技的进步而革新，定格动画的创作内涵也随之转变。

现在的定格动画，其实应该定义为一种特殊形态的微电影。相比长长的动画连续剧，定格动画的故事短小而精悍；相比动画大电影，定格动画的制作成本低且技术门槛低了不少。和所有微时代的产物一样，现在的定格动画也可以定义为"微动画"，随着多媒体技术的持续创新，传播媒介更加多元化，碎片化的信息逐渐深入到大众零散化的时间，"微动画"这种以多媒体技术为支撑的新艺术形态应运而生。

三、定格动画的类型

（一）根据材质分类

定格动画根据物品使用的材质可以分为黏土动画（Clay animation）、剪纸动画（Cutout animation）、图像动画（Graphic animation）、直接绘制动画（Direct manipulation animation）、模型动画（Model animation）、实体动画（Object animation）、真人电影动画（Pixilation）、木偶动画（Puppet animation），这些类型中另有细分。定格动画有别于传统动画和电脑动画，具有非常高的艺术表现性和非常真实的材质纹理。制作时，先对对象进行摄影，然后改变拍摄对象的形状位置或者是替换对象，再进行摄影，反复重复这一步骤直到这场景结束。最后将这些照片（胶片）连在一起，形成动画。这种动画的制作技术也被称为帧到帧（frame to frame）或者称为位到位（postion to postion）。

黏土动画（Clay animation）使用黏土，或者是橡皮泥甚至是口香糖这些可塑形的材质来制作的定格动画。一般这种类型的动画是利用黏土的可塑性，直接在黏土上进行变化操作来达到动画效果，但有时也会在已经做好形状的黏土角色中加上铁丝的骨架，以便角色能够方便地做出一些造型或者姿势。在这一点上有些类似于木偶动画。比较著名的作品包括阿德曼公司（Aardman Animations）的酷狗宝贝（Wallace and Gromit）等。

剪纸动画（Cutout animation）以纸或者是衣料为材质制作的定

格动画，在视觉上通常表现为二维平面。这种类型的动画作品包括巨蟒飞行马戏团（Monty Python's Flying Circus）（英国，1969—1974年）、奇幻星球（Fantastic Planet，法国，1973）、故事里的故事（Tale of Tales，俄国，1979）等。动画连续剧《南方公园》在影像的风格上对这种类型的动画进行了模仿。

轮廓剪影动画（Silhouette animation）属于剪纸动画的一种定格动画。这种动画在影像上表现为背光并且只能看到黑色的轮廓剪影。灵感来源于欧洲早期的皮影戏。作品的影像往往前景颜色较深，背景较浅。前景的材质则往往是纸板。比较著名的作品有阿基米德王子历险记（The Adventures Of Prince Achmed，1926，德国）。

图像动画（Graphic animation）使用非绘画类型的平面图像制作的定格动画。材质可以是报纸、杂志上的各种图画、照片、剪报等。这种类型的动画经常被混合到其他的动画或者是电影中。在制作动画时，可以用拍摄一帧帧变化的图像来制作运动效果；也可以保持图像不动而移动摄像机来制作屏幕上的运动效果。这种类型的动画和传统动画以及纸绘动画在概念上有很大的联系，但在技术上仍然归属于定格动画。该类型的动画作品有弗兰克·穆里斯于1973年的奥斯卡获奖短片《弗兰克影片》。

直接绘制动画（Direct manipulation animation）这种动画虽然被认为是定格动画的一种，但它和传统的平面手绘动画之间，也存在很大的联系。因为他们都是以绘画来表现影像：直接绘制动画是在制作上，采用边画边拍摄记录的方式，主要是表现为一个画面（或者是一个动作）绘制出来的过程。但在这个过程中，因为没有绘画者出现在影像中，所以这个画面（或是动作）就好像是自己画出来的一样。而传统动画则是全部画完以后一起拍摄。虽然从影像上，传统的手绘动画也可以模仿这种动画的影像风格，但由于这个类型的动画的制作方法和定格动画的制作方法一样，所以在技术上，仍属于定格动画。直接绘制动画的作品有布雷克顿（J. Stuart Blackton）于 1906 年制作的《滑稽脸的幽默相》（The Humorous Phases of Funny Faces），这个作品用粉笔在黑板上制作。

模型动画（Model animation）是以制作好的模型为对象来制作的定格动画。这种技术最早是用于早期的电影拍摄中。它可以将无生命的物体通过动画模拟成现实世界中的一些特殊体，用来与电影中的演员进行虚拟的互动，来制作带有幻想风格的影片。著名的电影作品《金刚》（1933 年）里的金刚就使用了这种动画技术。

GO motion 是模型定格动画中的一项制作技术。这种技术可以使物体在影像中产生运动模糊的效果。而在传统的定格动画中，由于在拍摄时物体是静止的，所以是不会产生这种效果的。实现方法是在摄像机快门开启之前沿一个方向轻微的移动这个物体，使这个物体在胶片上留下边缘模糊的影像。这个技术是由工业魔光和菲尔·蒂皮特（Phil Tippett）共同开发，以用于《星球大战 V：帝国反击战》的特殊效果。

实体动画（Object animation）是使用积木、玩具、娃娃等来制作的定格动画。因为这种动画不使用可以塑造或者是变形的材质如黏土、蜡等来作为材质，所以他不同于黏土动画。同时，这种类型动画中出现的角色，在形象上通常不带有明显的人物或者是动物的特征而是使用类似于锡兵、建筑玩具，或者是乐高积木这些在形象上无生命的物体，因此它也不同于模型，或者是木偶这两种经常使用带明显角色特征的定格动画。实体动画经常混合在其他类型的定格动画中。同时这种类型的动画也时常出现在早期的电影中。

真人电影动画（Pixilation）是使用人作为动画角色的一种定格动画。这种动画的形式和电影比较难区分，在以人作为动画中的素材的同时，也经常会配上一些无生命的物体，以达到一些超现实主义风格的效果。这些效果包括人物突然的消失或者出现在画面中，或者是使人看起来像是在路上滑行。在早期的电影制作时，对于一些特殊的效果表现，定格动画是最好的解决办法之一。早期的实验性电影中经常可以看到这种类型的动画。加拿大的诺曼·麦克拉伦（Norman Mclaren）制作的动画《椅子的传说》（A Chairy Tale）、邻居（Neighbours），以及他在加拿大电影局（NFBC）的部分实验短片就属于这种类型。

木偶动画（Puppet animation）是以立体的木偶来制作的定格动画，是由木偶戏发展而来。木偶动画中使用的木偶在制作时会被赋予可以运动的关节，或者是类似于骨骼一样的骨架，所以可以比较方便地制作动画中所需要表现的各种动作。现在的木偶动画也采用金属的骨骼，将他们放在角色的身体中，类似可以运动的模型（制作时先做骨骼，再在其外面加上头部、躯干以及四肢）。这种技术是现代定格动画中较为常用的技术。代表作品有《圣诞夜惊魂》《地狱新娘》。

Puppetoon 是木偶动画中的一项制作技术。采用可以替换部位的模型，用模型替换部位的不同来表现动画中的动作。在拍摄时先拍一帧然后将模型的某个部位替换上相应的其他部位（比如将一张生气的脸替换成一张大笑的脸），然后再拍摄。这项技术常混合在其他定格动画中，用来制作诸如角色的表情等动画。在拍摄时，需要提前先制作好相应的各个部分。

（二）根据制作方法分类

1. 拍摄类

这是最传统最常用的方法，通过逐格拍摄获取图像，再后期制作。这种方法的优势是简单方便快速，劣势是容易受到光线、环境的影响造成照片模糊、视频闪烁等。

2. 数位板等绘制类

利用数位板进行手绘，或者用绘图软件进行手绘，获取图像，再进行后期制作。这是新媒体技术发展起来之后的新颖方式。这种方法的优势是图像清晰、光线稳定，劣势是较之拍摄类，耗时耗力。

3. 扫描类

扫描类主要针对平面类动画。例如，剪纸、绘画、报纸、杂志上现成的图像等，通过扫描获取电子图像，再进行后期制作。和上述一样，这种方法的优势也是图像清晰、光线稳定，劣势是较之拍摄类，耗时耗力。

第二节　定格动画制作流程

定格动画的制作起步没有传统动画那么高，有时不需要专业设备，只要一台相机和一台电脑，或者一部手机，有的甚至不需要绘画基础，因此受到动画初学者的青睐。虽然它制作过程复杂但可以马上呈现动画视觉效果，所以对于培养学生动画艺术学习的兴趣和创作灵感、加强动手能力有着非常重要的作用。下面介绍拍摄类定格动画制作的流程。

一、前期准备

定格动画拍摄前一般要做以下准备：寻找团队、确定主题—构思大纲、落实分工—分析情节、完成脚本—寻找材料、制作素材—搭建场景、准备拍摄。

（一）故事和脚本

一个吸引人的故事是一部动画片的基础。定格动画由于制作上的烦琐，往往不适合情节复杂的鸿篇巨制。短小的故事很可能不用把一切交代得面面俱到就可以抓住观众：关键要有好的创意。前期策划的阶段尽可能长一些，没有想好就实施的话很快就会发现自己陷入进退两难的尴尬境地。分镜头脚本决定了每个镜头的机位、时间、景别变化和人物动作，甚至还标注着音效和对话，是每个动画师必备的重要工具。不需要画多么精美的分镜头脚本，哪怕十分潦草但你自己能看懂就够了。

（二）拍摄器材准备

数字特效普及前，很多电影的特技镜头都是使用逐格方式拍摄制作的，也有很多动画片其实都是定格动画。由于传统定格动画多用胶片摄影机逐格拍摄，成本和制作难度对普通人来说难以想象。

如今数字技术的发展使得家用 DV 或 DC 也能拍摄出画面质量相当好的定格动画作品，因此越来越多的人开始自己制作定格动画作品。

DV：单帧画面的分辨率没有 DC 高，但是由于使用火线直接连接电脑，并通过软件随时采集画面，看着更直观，操作起来更简便容易，也完全能满足电视播出质量的要求。

DC：成像质量相当好，完全可以超过电视播出质量。但是由于要拍摄素材，然后导入电脑才能清楚看到拍摄结果，操作起来相对麻烦一些。

随着移动时代的发展，定格动画 App 给我们带来了更大的便捷，比如"定格动画工作室"，这款 App 是目前手机上最简单易上手的专业定格动画软件，唯一的缺点是付费版只支持苹果手机的 IOS 系统，安卓版手机无法使用付费专业版拍摄动画；"IBISPAINT 爱笔思画"，可以记录绘画过程并且支持手指压感的手绘软件，可制作手绘过程类动画；"乐秀或小影"，手机上非常方便的视频编辑软件，可以进行音效、背景音乐和对白的添加，可以直接使用连续图片制作定格动画，可以调整视频长度，在视频上输入字幕等，制作出来的视频动画非常专业。免费的版本就可以实现制作动画的基本功能；"Pofi 无限人偶"，非常新颖且专业的移动端 3D 可操控人物姿态建模辅助绘画 App，再也不用担心不会画连贯的动作图片了。这些 App 能让定格动画的制作变得更简单、更快捷、效果更出色，而这一切只需要使用我们的手机就可以完成了。

（三）材料和工具的准备

定格动画往往首先需要鲜明的角色形象，可以是人物、动物，一件东西，当然也可以是一个你想出来的角色。如果打算制作优秀的角色形象，选择好适当的工具和材料是保证制作和拍摄顺利的关键。定格动画的制作材料有黏土、橡胶、硅胶、软陶等，几乎可以全部来自生活，如泡沫塑料、医用橡皮膏、各种布料等，甚至可以是外出郊游采集来的花草、生活当中无用的垃圾、二手市场中淘来的小玩意儿等。工具用螺丝、铝线、扳手、钳子、刀子等。

（四）场景灯光

角色一定要有一个活动空间，可以是教室、书桌、草地，也可以搭建场景。场景搭建就像制作一个成比例缩小的沙盘。在定格动画制作中场景会出现许多可能性：可能是写实的，也可能是抽象的；可能需要粗糙感，也可能需要豪华场面。成功的灯光布置可以准确地暗示时间和营造气氛，动画片由于本身的特殊性，灯光可以比真人演出的影片更加夸张和色彩强烈。除了会闪烁的荧光灯，几乎任何稳定的光源都可使用。

二、拍摄阶段

拍摄定格动画，所用到的器材可能简单到像简易照相机、数码相机、手机这样的最大众化的器材，也可能复杂到高度专业化的ACES系统设备。但是，要想制作出具有专业水准的定格动画片，动画制作者的专业素质是必不可少的条件。一个专业的定格动画师必须具备动画艺术家的修养、电影人的头脑和熟练的摄影技能。

在校的中小学生拍摄定格动画就不需要这么高的要求，我们更多关注的是学生的参与体验。因此，既不需要复杂而又昂贵的设备，也不需要太大的场地，一张用作摄影台的桌子，一盏用来为摄影照明的台灯，一台摄影机、一架相机、一部手机、iPad 或者是能够记录图像的任何器材，以及用来编辑影像的设备，如一台电脑，有了这些，同学们就可以开始尝试着拍摄定格动画片了。在前期的"故事和脚本设计、拍摄器材准备、材料和工具的准备、场景灯光的布置"基础上，具体拍摄就很简单了。将相机、iPad、手机等固定，角色每移动一下拍一张，通常的电影理论是每秒 25 帧（也就是每秒 25 个画面），这样人物看起来就和真实的一样，非常流畅，但是根据剧情的需要可以做适当调整。

拍摄一部简单的定格动画并不难，但是需要足够的时间和耐心。因此在拍摄过程中一定要戒躁，否则一不小心碰了一下，把角色、场景或者摄像头的位置变得很厉害，镜头上一张和下一张的对焦不一致，会影响整体的艺术效果甚至前功尽弃，导致整部电影重拍。

三、后期制作

在定格动画中，所有的拍摄工作结束后，影片就进入后期制作阶段。后期制作是定格动画影片制作流程的最终阶段，它包括了镜头剪辑、语音和口型对位配乐、音效的采集和编辑，以及音频和视频输出等工作。在这一阶段，所有拍摄好的镜头和录制好的对白录音素材都要汇集到一起，经过剪辑、配乐、音效、混录和输出等工序，最终制作出一部完整的定格动画片。

早期的影视动画的合成主要依靠特效摄影和冲印时的技巧来完

成，但计算机数字合成技术的快速发展使这些方式都渐渐落伍了。近年来由于后期制作特效电影的迅速发展，从而带动了整个电影工业的成长。计算机数字合成技术是利用已有的素材、视频、画面进行组合，同时具有对画面进行大量的修饰、美化的功能。对于影视动画作品来说，我们经常可以看到一些蒙太奇的特殊艺术效果，显然不是通过拍摄，而是将很多没有关联的物体通过后期合成技术而成的，合成是当今影视动画中最流行的视觉效果制作技术。

用于动画后期制作的软件有很多，常用的如 Preimere、After effect、3DMax 等，这些软件都具有强大功能。比如 Preimere 可以方便加入一些特效、音乐、片头、片尾等。Atter effect 中的蒙版、遮罩、滤镜等功能，能够实现创作者的创意，并能进行三维层的转变，而且还可以创建灯光和摄像机，实现三维功能，从而将二维和三维融合，可以对作品进行变形、色彩的调整、抠像、文字特效等加工处理，并能制作各种难以实现的效果，比如烟雾、爆炸等。特别是遮罩和抠像技术，是高级后期制作中经常要用到的技术。3DMax 根据不同图像输出格式可以产生包含 alpha 通道的 32 位图像文件，合成影像时，alpha 通道最主要的就是抗锯齿的能力，在合成边缘上自动产生渐层效果，产生过渡的中间色，消除图像锯齿。

当然，随着手机 App 的快速发展，利用手机 App，如"定格动画工作室"（收费版）制作定格动画作品，基本上导出就是一个较为完整的作品，不需要后期处理了。如果使用免费版制作，只能实现部分功能，后期的音乐、片头片尾、字母等还需要其他编辑软件去完成。

除了通过传统的拍摄方式去采集图像外，也可以运用数位板绘画生成图像，或者通过扫描获得图像后，再利用各类视频软件加以后期编辑。

第三节　定格动画教学实践

笔者在高中阶段进行了定格动画的教学研究，通过实践，发现学生对这种小动画非常喜欢，但在具体操作过程中却遇到了不少困难。当然，同学们最终还是克服了种种困难完成此项目。以下对该课程的具体实施进行描述（见表4－1）。

表4－1　《定格动画》教学整体架构

课时安排	活动内容	活动地点
课前	1. 艺术课代表协助教师建立班级美术学习QQ群，教师布置学习任务。 2. 教师设计问卷星，形成二维码，让学生用手机进行课前扫码完成问卷调查。 3. 教师根据问卷调查情况，分析数据，进行教学设计。	有互联网的任何地方
一个课时	1. 教师向学生宣告本单元课需要完成的任务：知道定格动画概念、了解定格动画发展简史、定格动画的类型以及定格动画制作流程（前期准备—拍摄阶段—后期制作）。分小组设计完成一件定格动画作品。 2. 教师带领学生学习定格动画的相关知识，学生利用iPad查询信息并交流。	校智慧教室
一个课时	1. 教师发放定格动画学习单。其中的指标将跟踪学生全程学习。 2. 学生自发组成小组，讨论确定研究主题、小组名称、组长。进行大纲构思、商量动画所需的素材、技术、动画时长、故事情节等，填写学习单。	校智慧教室

续表

课时安排	活动内容	活动地点
十三个课时	1. 各小组分析情节，完成脚本。 2. 分工合作，准备素材，开始制作。如黏土捏制角色、剪纸、绘画、布置场景、拍摄等。填写学习单。 3. 定期上传过程性学习成果至云盘空间。 4. 后期加工，加片头片尾，加音乐等，合成视频，上传云盘空间。	校智慧教室 校美术教室 校园
两个课时	1. 各组展示分享学习成果。 2. 参考学习单上的评价量规，完成阶段性自评、互评和师评。	校智慧教室
课后	1. 教师通过班级艺术 QQ 群对后续学习介入干预，提出修改建议，促使学生将学习成果加以补充完善。 2. 学生改进后再完成终结性自评、互评和师评。	有互联网的任何地方

一、问卷星课前调查并分析

教师设计了问卷星，课前对学生进行定格动画的摸底调查。共有 20 道题目，其中 2 题是被访者的基本信息，3 题是关于概念理解，2 题是对定格动画的认知情况，5 题是定格动画的专业知识，2 题是优劣势分析，4 题是未来展望，1 题是了解的途径，1 题是如何制作的问答题。针对 3 个实验班进行课前访问，收回有效问卷 116 份，部分统计分析如下：

1. 您看过以下哪些定格动画？（见图 4-1）

A. 僵尸新娘　B. 鬼妈妈　C. 阿凡提　D. 神笔马良　E. 超级无敌掌门狗　F. 小羊肖恩　G. 圣诞夜惊魂　H. 其他

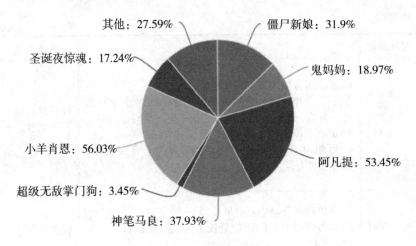

图4-1 看过哪些定格动画

从上图可以看出，看过《阿凡提》和《小羊肖恩》两部动画片的学生比例最高，分别占56.03%和53.45%，《超级无敌掌门狗》只占3.45%，其余几步片子看过的比例相对较为集中，在17.24%～31.9%之间。《阿凡提》布偶戏系列美术片于1979—1989年上海美术电影制片厂拍摄，影片风格比较轻松、诙谐、幽默，所以受到学生喜爱。《小羊肖恩》是英国阿德曼动画工作室和英国广播公司携手创作的无声定格动画喜剧，2015年上映。肖恩的形象原型是英国特有的苏格兰黑脸羊，因为一脸萌相并有着聪明古怪的脑瓜受到学生的喜爱。

2. 您喜欢以下哪种类型的定格动画？（见图4-2）

A. 木偶　B. 黏土　C. 剪纸　D. 实物　E. 图像　F. 皮影

G. 水墨　H. 其他

从上图可以看出，喜欢实物的学生最多，比例高达54.31%，接下来喜欢图像、水墨、黏土、木偶、剪纸、皮影、其他，从喜好的程度看，相差不大。说明学生对多种类型的定格动画均能认可，包

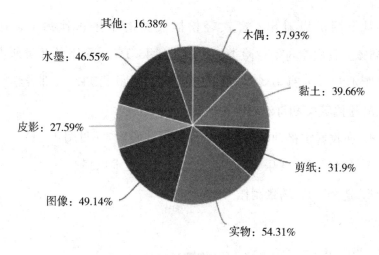

图 4-2 喜欢哪种类型的定格动画

容性较大。

3. 您比较喜欢哪种题材的定格动画？（见图 4-3）

A. 恐怖惊悚类 B. 轻松搞笑类 C. 温馨感人类

D. 奇幻冒险类 E. 悬疑侦探类 F. 唯美爱情类

G. 动作类 H. 反转、内涵类

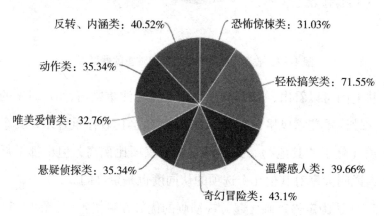

图 4-3 喜欢哪种题材的定格动画

从上图可以看出，喜欢轻松搞笑类的学生占比最大，达到71.55%。其次是奇幻冒险类，比例占到43.1%。剩下的几类所占比例差距不大，在31.03%~40.52%之间。由此得知，大部分学生都喜欢轻松搞笑类和奇幻冒险类的定格动画。

4. 您收看定格动画时会比较注重哪些要素？（见图4-4）

A. 剧情 B. 音乐 C. 表现形式 D. 美术风格

E. 造型 F. 场景制作 G. 其他

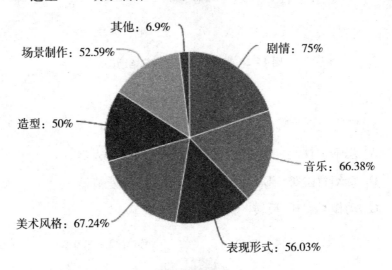

图4-4 收看定格动画时会比较注重哪些要素

从上图可以看出，有75%的学生会比较注重剧情，67.24%的学生会比较注重美术风格，有66.38%的学生会比较注重音乐。其余几个选项（除了"其他"），虽然没有前面三项比例高，但也都不低于50%，说明大家对其他几个选项的认同度也是蛮高的。

5. 您认为定格动画比起常规动画的优势在哪里？（见图4-5）

A. 材质纹理真实 B. 拍摄场地便利 C. 造型丰富有趣

D. 艺术表现性高　E. 风格强烈　F. 制作手法有特色

G. 较低的制作门槛

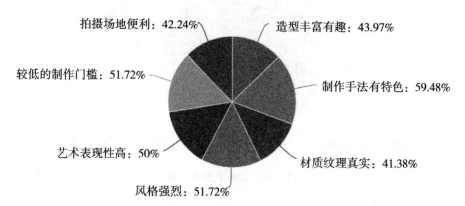

拍摄场地便利：42.24%　　　造型丰富有趣：43.97%

较低的制作门槛：51.72%　　　制作手法有特色：59.48%

艺术表现性高：50%

风格强烈：51.72%　　　材质纹理真实：41.38%

图4-5　定格动画的优势

从上图可以看出，有59.48%的学生认为定格动画比起常规动画的优势在于制作手法有特色，51.72%的学生认为定格动画的优势在于风格强烈，同样有51.72%的学生认为定格动画的优势在于有较低的制作门槛，其余的选项按照由高到低的比例依次是艺术表现性高、造型丰富有趣、拍摄场地便利、材质纹理真实。从这些数据发现，学生对定格动画有一定的认知，对定格动画的优势认同集中于其独特的、区别于常规动画的制作手法和艺术特色。

6. 您认为定格动画比起常规动画的劣势在哪里？（见图4-6）

A. 表形形式有局限　B. 制作周期过久　C. 成本过高

D. 风格小众　E. 人才不足　F. 其他

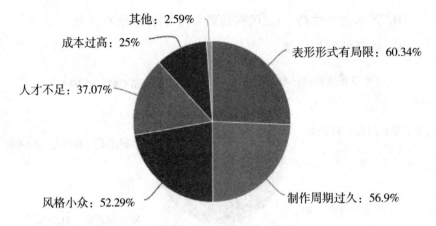

其他：2.59%
成本过高：25%
人才不足：37.07%
表形形式有局限：60.34%
风格小众：52.29%
制作周期过久：56.9%

图 4 - 6　定格动画的劣势

从上图可以看出，有 60.34% 的学生认为定格动画比起常规动画的劣势在于表形形式有局限，有 56.9% 的学生认为定格动画的劣势在于制作周期过久，52.29% 的学生认为定格动画风格小众。从数据分析，大多数学生的选项都集中在以上几点，说明学生在肯定定格动画优势的基础上，也能发现其不足之处。

7. 您期待将来定格动画的面貌将有怎样的变化？（见图 4 - 7）

A. 保持材料结合数码动画

B. 以照片的形式出现，也可以加上数码动画元素、手绘元素

C. 继续使用传统材料制作，保持原味

D. 单纯的照片叠加方式

E. 单纯的手绘方式

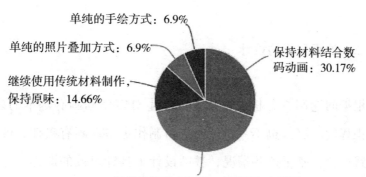

单纯的手绘方式：6.9%

单纯的照片叠加方式：6.9%

继续使用传统材料制作，
保持原味：14.66%

保持材料结合数
码动画：30.17%

以照片的形式出现，也可以加上数码
动画元素、手绘元素：41.38%

图4-7 期待将来定格动画的面貌变化

从上图可以看出，41.38%的学生认为，将来定格动画的面貌应该以照片的形式出现，也可以加上数码动画元素、手绘元素；30.17%的学生认为将来定格动画应该保持材料结合数码动画；14.66%的学生认为将来定格动画应该继续使用传统材料制作，保持原味；仅有6.9%的学生认为将来定格动画应该使用单纯的照片叠加方式或单纯的手绘方式。从数据分析，学生更喜欢结合数码技术、多种材料、多种元素叠加的新颖动画形式，而对完全使用传统材料制作、单纯的照片叠加方式或单纯的手绘方式制作，基本上持否定态度。

8. 问答题：您自己创作一部定格动画的话，会如何去做？

有不少学生表示，虽然自己从来没有做过定格动画，但很向往。比较集中的答案有：（1）关注原创性。（2）采取实物拍摄的方法。（3）用 App 制作。（4）用绘画的方法。

二、课程目标的设计

根据问卷调查分析，教师发现学生对定格动画有基本的认知，但认识程度不深入也不系统，对亲自制作定格动画有兴趣，可是没有实践机会。基于这些情况，教师设计了具针对性的课程目标：在学校智慧教室网络环境下，借助 iPad，各小组成员通过欣赏、信息搜索、讨论、交流，学习定格动画概念、了解定格动画发展简史、定格动画的类型以及定格动画制作流程（前期准备—拍摄阶段—后期制作），分小组设计完成一件定格动画作品并分享，完成定格动画学习单。通过学习和制作定格动画，体验定格动画形成的全过程，感受成功的快乐并体会其中的不易，从而喜爱定格动画这种艺术形式，并在今后的生活中加以运用。

三、教学环节的关键点

（一）学习单贯穿始终

在定格动画学习过程中，学习单的作用贯穿始终。教师对学习单进行了具体的设计，包括主题名称、小组名称、任务分工、评价量规、阶段性成果评价（自评、互评、师评）、终结性成果评价（自评、互评、师评）、大纲构思、脚本设计、制作素材、技术的作用、课程学习与体会等。每节课上，课代表都会将学习单发放下去，每个小组在上节课的基础上继续填写，进行阶段性成果的及时记录。

附：定格动画学习单（见表4－2）和定格动画评价量规（见表4－3）

表4－2 定格动画学习单

主题名称		班级	
小组名称		指导教师	
小组成员		组长	
起讫时间			
大纲构思（制作类型、素材、技术、动画时长、内容梗概等，可附页）日期：			
分析情节，完成脚本（详细的分镜头脚本等，可附页）日期：			
任务分工（可添加）日期：			
阶段性成果自评（用什么技术实现什么效果？参照评价量规做综合评价并打分）	日期：		

续表

阶段性成果互评 （参照评价量规做综 合评价并打分）	日期： 评论者：	
阶段性成果师评 （参照评价量规做综 合评价并打分）	日期：	
终结性成果自评 （改进后，加强何技 术达成何效果？参 照评价量规做综合 评价并打分）	日期：	
终结性成果互评 （改进后，参照评价 量规做综合评价并 打分）	日期： 评论者：	
终结性成果师评 （改进后，参照评价 量规做综合评价并 打分）	日期：	

课程学习体会 （可附页）	

表 4 – 3　定格动画评价量规

定格动画前期设计评价量规		
总分：30 分	具体要求	分值
基本信息 （10 分）	1. 主题明确有创意。	4
	2. 小组名称有个性。	3
	3. 小组成员分工明确。	3
大纲构思 （6 分）	1. 制作素材和动画时长交代清晰。	3
	2. 内容梗概简洁明了。	3
分析情节，完成 脚本（14 分）	1. 故事情节有创意，重点突出，强调原创性。	4
	2. 脚本撰写详细具体。	10

定格动画制作过程评价量规		
总分：30 分	具体要求	分值
云盘空间构建 （20 分）	1. 在云盘建立小组文件夹，名字和小组名称匹配。	4
	2. 每一次活动的成果即时上传，包括素材、设备、场景、花絮等。	8
	3. 视频、相关素材资源包（音乐、支持的软件等）完整。	8

续表

总分：30分	具体要求	分值
学习单过程记录 （10分）	1. 阶段性成果自评、互评具体，肯定优点，查找出需要改进的不足。	5
	2. 课程体会撰写详细，对学习全过程的困难、突破、收获等真实描述。	5

定格动画视频评价量规

总分：40分	具体要求	分值
剧本创作 （10分）	1. 作品的原创性。	4
	2. 主题明确，内容健康，故事完整。	3
	3. 形式新颖，有创意。	3
角色设计 （6分）	1. 角色造型具原创性，有创意。	3
	2. 角色造型生动，有个性。	3
场景道具设计 （6分）	1. 场景设计符合故事要求，有一定特点。	3
	2. 道具丰富，符合故事要求。	3
动画拍摄 （12分）	1. 动画细腻，角色动作连贯。	3
	2. 镜头稳定不抖动，能够运用镜头语言表现动画。	3
	3. 光线运用恰当，画面不闪烁。	3
	4. 动画背景干净，没有出现动画外的干扰因素。	3
配音和音效 （6分）	1. 配音和音效能够对故事情节起到烘托作用。	3
	2. 配音和音效有个性，具创造性。	3

（二）云盘空间的有效利用

教师申请了腾讯微云空间，建立"定格动画"文件夹，里面建立班级文件夹，指导学生再建立小组文件夹，并以小组名称命名。

向全体学生公布账号和密码，指导学生将每一次活动的过程性成果及时上传，养成习惯。一段时间以后，文件夹里的资料非常丰厚，方便过程性评价和终结性评价，体现出档案袋评价模式的作用。

（三）教师借助 QQ 群介入干预

教师请艺术课代表建立每个班的美术学习 QQ 群。课前，教师在群里发布学习公告，出示问卷星二维码，要求学生课前扫码完成；课中，在制作的过程中暴露的问题，课内来不及讲解的，教师会在QQ 群进行评价并提出修改建议，提醒注意事项等；课后，教师在检查完文件夹内所有成果，会在 QQ 群呼唤该组学生，提出改进建议。学生会择日修改完善再次上传，并告知教师。也有的学生喜欢在修改过程中将作品单独发给教师以求指导，直到作品较为完善后才愿意公开。当然，这一切都是在晚上、双休日才可以实施。借助 QQ 群和学生进行即时的线上沟通交流，对学生的学习介入干预，大大提高了教学效率，也凸显了一对一辅导的优势。

四、定格动画案例解析

经过将近一个学期的学习实践，学生经历了种种艰辛：接触新知识—产生强烈的兴趣—迫不及待投入设计和制作—遭遇困难（内容单薄、镜头抖动、角色动作不连贯、光线运用不恰当、画面闪烁、iPad 里面拍摄的作品导不出来等）—不断返工和调整—重新导出、后期完善—完成定格动画作品。

定格动画案例1：《玩具之争》

（一）《玩具之争》定格动画学习单

主题名称	玩具之争	班级	高一（7）
小组名称	快乐嘤嘤嘤	指导教师	彭学军
小组成员	张思怡、钱微	组长	张思怡
起讫时间	2018. 10—2019. 1		
大纲构思（制作类型、素材、技术、动画时长、内容梗概等，可附页） 日期：2018. 10. 10	制作类型：拍摄类。 制作素材：玩偶。使用潮玩作为道具。 使用技术：Stop motion + imovie。 动画时间：约为3分钟。 内容梗概：大致讲述玩偶分成两队，因为一个玩偶被绑架而引起的战斗。		
分析情节，完成脚本（详细的分镜头脚本等，可附页） 日期：2018. 10. 17	00：00 – 00：04 开场。 00：05 – 00：08 被绑架的小樱花进入镜头。（全景）（以下不标注均为全景） 00：09 – 00：11 红皇后（Molly）查看。（视角切红皇后） 00：12 – 00：14 小樱花（独角兽）被带走，镜头放大至黑屏。 00：14 – 00：15 黑屏过渡。 00：16 – 00：19 小樱花被关。 00：20 – 00：21 黑屏过渡。 00：22 – 00：27 独角兽一方领头进入镜头。 00：28 – 00：31 独角兽全员前进。 00：32 – 00：36 红皇后进入镜头。 00：37 – 00：39 Molly 全员前进。 00：38 – 00：41 两队眼睛特写。（近景） 00：42 – 00：44 镜头切换到打斗，两队前进。 00：45 – 00：46 镜头从高空拍。（远景） 00：48 – 00：50 回到正常视角，继续前进。 00：51 – 00：54 五个打斗快速的分镜。（中景） 00：55 – 00：58 继续打斗，决出胜负独角兽失败，只剩银河（黑的独角兽）（中景）。 00：59 – 00：60 银河看倒下的独角兽。 01：01 – 01：04 银河后退，Molly 一队逼迫。 01：05 – 01：09 小樱花着急状。（镜头抬高） 01：10 – 01：13 Molly 一对胜利后退。（中景）		

续表

| 分析情节，完成脚本（详细的分镜头脚本等，可附页）日期：2018.10.17 | 01：14－01：18 切换视角，Molly 后退出镜头。
01：19－01：20 黑屏过渡。
01：21－01：24 红皇后看小樱花。
01：25－01：27 黑屏过渡。
01：28－01：30 失败的银河独自一人行走。
01：31－01：32 眼睛特写。（近景）
01：33－01：34 银河远望看到可以寻求帮助的人。
01：35－1：36 拍三个领头的玩偶（以下简称队友）。
01：37－01：38 银河靠近队友。
01：39－01：42 银河和队友交流申请支援。
01：43－01：46 队友商量是否帮助。（中景）
01：47－01：54 队友同意，与银河离开镜头。
01：55－01：56 黑屏过渡。
01：57－01：59 银河再次进场战斗。
02：00－02：01 红皇后进场。
02：02－02：03 Molly 大军快速进场。
02：04－02：08 银河向前走并转头。
02：09－02：18 镜头从银河占满慢慢缩小到包括所有队友。（远景）
02：19－02：21 银河转头 。
02：22－02：25 拍下所有玩偶，展示两方势力差距，Molly 军迅速逃走。（远景）
02：26－02：31 红皇后和银河对视。（从红皇后角度往银河拍）
02：32－02：42 从最后一个银河队友到最前，展示势力之大，最后再切红皇后独自一人。（长镜头）
02：43－02：45 红皇后逃走。
02：46－02：49 黑屏过渡。
02：50－02：56 银河接小樱花出来。
02：57－03：00 小樱花和银河在一起。（特写）
Bgm 名称
花絮，做的另外两个微动画：
03：31－03：35 鬼畜康纳
03：38－03：46 小人鱼
完结撒花！ |

任务分工（可添加）日期：2018. 10. 17	张思怡	导演、编剧、分镜、剪辑	
	张思怡、钱微	拍摄	
	钱微	美术	
	钱微	道具	
阶段性成果自评（用什么技术实现什么效果？参照文本、制作过程及视频评价量规做综合评价并打分）	日期：2018. 11. 21 前期用 Stop motion app 拍摄，后期用 imovie 剪辑，添加效果。 我们小组在做定格动画的过程中发现了一些问题。比如灯光和分镜，镜头不能做到完全的连续，不过之前少有这样的任务，在做出来时还比较有成就感。同时也明白了一些最开始设计文本的缺陷：分镜太多不利于拍摄，同时场景的变化也没有完全表达出来。		90
阶段性成果互评（参照评价量规做综合评价并打分）	日期：2018. 11. 21 故事新颖，动画拍摄流畅，配乐生动。是一个很不错的作品，但是还没有结束，所以有些对于观众的理解方面还应提高。　　　　　　评论者：郭新蒲		92
阶段性成果师评（参照评价量规做综合评价并打分）	日期：2018. 11. 21 "快乐嘤嘤嘤"小组的作品《玩具之争》，完全原创作品。剧情有趣，角色造型生动，场景设计符合故事要求，动画细腻，角色动作连贯。镜头稳定不抖动，能够运用镜头语言表现动画。光线运用恰当，画面不闪烁。 动画背景干净，没有出现动画外的干扰因素。配音或音效能够对故事情节起到烘托作用。 建议：加强后期编辑，如果能够加上字幕或者关键词，会更好。继续充实云盘资料的建设，丰富过程性学习成果的积累。		93

续表

终结性成果自评（改进后，加强何技术达成何效果？参照评价量规做综合评价并打分）	日期：2018.12.26 今天终于完成了！欣赏成果是一个很让人激动的过程。拍摄了总共1182张照片，看完只有短短几分钟，我们组深深感受到动画的不易。修改了部分剧情，在中间加上了用于过渡的黑屏。发现很难做到十全十美，不过分镜和剧情还是比较满意的。借助imovie，尝试加了几个切入角度不同的镜头。添加了几个长的镜头让观看的时候更加流利。还在音乐上下了功夫，各个片段都根据剧情加入不同的音乐，还有各种音效，渲染了整体的效果。	100
终结性成果互评（改进后，参照评价量规做综合评价并打分）	日期：2018.12.26 通过修改，该作品更趋完美。剧情一波三折，配乐做到了不错的渲染。非常好、好到炸裂、完美、吹爆它。 评论者：郭新蒲	100
终结性成果师评（改进后，参照评价量规做综合评价并打分）	日期：2018.12.26 该组学生的定格动画作品时长3分钟左右，是所有作品中最长的一个。可见学习的热情十分高涨。总共拍摄了1182张照片，令人赞叹！使用的素材是当下流行的玩偶，偶类是传统定格动画最常用的素材之一。玩偶的数量众多，虽有难度，但画面的平衡和把控能力较好。拍摄清晰，没有晃动闪烁，背景干净。技术的使用恰到好处，片头、片尾、字幕、背景音乐等较为完整。能关注故事情节的发展，也能突出重点，聚焦戏剧性的冲突。文本撰写较认真。经过改进，视频打上了字幕，使观者一目了然。云盘空间的建设比较丰富。如果进一步改进的话，可以将片段之间的黑屏时间缩短。总之，要给个大大的赞！	98

续表

课程学习体会 （可附页）	学习了定格动画，了解了制作动画的不易并增强了剪辑、拍摄水平。 这三个月来，我们一直在学习定格动画。从最开始对动画概念的陌生，到一步步研究剪辑软件的功能，思考分镜、脚本一点点写出来，都花了大量的时间。 最开始做什么都是很困难的，思考了很多点子但是都没有彻底决定下来，计划无法正常完成，纠结之下选择了这样一个题材；又发现拍摄的时候会有不稳定的情况，于是又单独买了支架；然后对于定格动画剪辑功能也很陌生，于是便打算用两个剪辑软件，一个定格动画制作和一个自己熟悉的 imovie。在动画方面，一开始出了一些问题，动画卡顿不流利，也在一次次的拍摄下慢慢解决。同时为了渲染气氛，让视频更有趣味性加上了音乐。 在这次定格动画制作中，从当时的陌生，不知所措到最后能够较好地掌握拍摄。同时也学到了很多课本上无法学到的知识：制作分镜、使用剪辑软件、配乐……总而言之，这是一个很有趣味性的课堂，在学习之余还能带给我们许多。

（二）《玩具之争》视频图像呈现（见图 4 – 8 至图 4 – 19）

图 4 – 8　出示片头

图 4 - 9 独角兽小樱花被绑架

图 4 - 10 独角兽队和 molly 队对峙

图 4 - 11 两队打斗

图 4 - 12　高空俯拍打斗场景

图 4 - 13　独角兽失败

图 4 - 14　只剩下独角兽银河

图 4 – 15　银河寻求支援

图 4 – 16　银河率队再次进场战斗

图 4 – 17　molly 大军快速进场

图 4 – 18　势力差距使 m 军迅速逃走

图 4 – 19　小樱花和银河在一起

（三）《玩具之争》拍摄过程（见图 4 – 20 至图 4 – 22 ）

图 4 – 20　拍摄现场

图 4 – 21 用 Stop motion 采集的图像 1

图 4 – 22 用 Stop motion 采集的图像 2

定格动画案例 2：《文具大逃亡》

（一）《文具大逃亡》定格动画学习单

主题名称	文具大逃亡	班级	高一（1）
小组名称	League of Legends	指导教师	彭学军
小组成员	强冉、夏天宏、董驿恒	组长	强冉
起讫时间	2018. 10—2019. 1		
大纲构思（制作类型、素材、技术、动画时长、内容梗概等，可附页）日期：2018. 10. 10	制作类型：拍摄类。 制作素材：笔袋、笔等实物。 使用技术：iPad + 定格动画工作室 App + 乐秀。 时长：1 分多钟。 内容梗概：文具向往自由，从笔袋内逃走，又被主人捡回的故事。 拍摄地点：智慧教室、教学楼、电梯。		

分析情节，完成脚本（详细的分镜头脚本等，可附页） 日期：2018.10.17	00：00 - 00：02 学校智慧教室内的桌子上，主人正在把笔全部放入笔袋。出现标题（后期）。 00：03 - 00：10 主人把笔放入笔袋后，离开，出现"Breaking News"的字样，并且附上详细内容：最近，洋泾一学子文具失踪，我们正在追踪调查（后期）。最终以无信号的电视屏幕结尾。 00：11 - 00：15 主人把笔袋放在桌上，离开。 00：16 - 00：19 拉链"自动"拉开。 00：20 - 00：31 笔从笔袋中"自动"跑出，并将笔排成一行。 00：32 - 00：40 笔在窗台缝隙中有序排好，逐步向前，再依次把笔的一半放在窗台外，笔尖向外。36s 左右出现字幕，模拟文具向往自由时的谈话（不超过 5 个字）（后期），39s 时笔不再出现在镜头内。直至本阶段最后一秒。（镜头向上，对准窗外） 00：41 - 00：46 镜头向下，笔重新出现在镜头内，从 43s 起 4 支笔继续沿窗台前进。 00：47 - 00：50 一支掉队的笔，拟人化，拍成"凝视窗外"，等大家都走了，才匆匆离开的效果。出现"自由"的字幕（后期）。 00：51 - 00：57 四支笔出现在楼道内，并且并排进入电梯。 00：58 - 01：01 掉队的笔跟上，进入电梯，镜头转向电梯。 01：02 - 01：04 镜头不动，1：04s 时电梯门开，笔并排出去。 01：05 - 01：06 电梯门关，镜头出电梯门。 01：07 - 01：12 围绕笔转一圈拍摄，体现笔的惊恐。其中，第 1：08s 出现字幕：笔发现了人类。第 1：12s 出现火星文字。 01：13 - 01：15 人的腿出现，并伸手。 01：16 - 01：18 人用手把所有笔一一捡起。 01：19 - 01：24 回楼上，人用手把所有笔放入笔袋，慢慢拉上拉链。 01：25 - 01：27 笔袋慢慢移动镜头，同时出现字幕"未完待续"（双语）（后期）。 01：28 - 01：30 出现工作人员名称等幕后信息（后期），镜头对准笔袋不动。

任务分工 （可添加） 日期： 2018. 10. 17	董驿恒	拍摄编导
	强冉	后期编导
	夏天宏	文字编导

阶段性成果自评 （用什么技术实现什么效果？参照评价量规做综合评价并打分）	日期：2018. 11. 21 前一阶段，我们小组分工合作，设计了定格动画的情节和脚本，并使用学校智慧教室内的 iPad 进行拍摄，所用的软件是定格动画工作室 App，通过 QQ 将之倒出至电脑。后期使用乐秀 App 加片头片尾、字幕和音乐。我们觉得有些照片拍摄有点模糊，但是总体还不错，完全原创。	95
阶段性成果互评 （参照评价量规做综合评价并打分）	日期：2018. 11. 21 该作品具原创性，主题明确，有创意。拍摄文具大逃亡，赋予拟人化效果。唯一需要修改的是片尾的文字信息不太清晰。 评论者：徐开心	95
阶段性成果师评 （参照评价量规做综合评价并打分）	日期：2018. 11. 21 "League of Legends" 小组的定格动画项目制作很认真，有大纲构思、详细脚本，人员分工明确，故事情节有创意，贴近学生的生活，体现了原创的可贵。需要改进的地方有：视频的后期尚需加强，云盘空间的信息还需完善，及时补充过程性学习成果。	92
终结性成果自评 （改进后，加强何技术达成何效果？参照评价量规做综合评价并打分）	日期：2018. 12. 26 今天我们将定格动画项目的学习全部完成了，根据同学和老师对我们提出的建议，我们用乐秀将视频进行了修改调整，也将云盘空间内的资源和过程性成果补充完整了。我们感到自己制作的定格动画很优秀，我们的付出是有所收获的！我们认真对待每一个细节，努力制作完成了这个作品，后期处理和拍摄都不错！	100

续表

终结性成果互评 （改进后，参照评价 量规做综合评价并 打分）	日期：2018. 12. 26 比起之前的作品，现在的画面流畅性和连贯性都很好，后期的字幕、音乐等添加贴合主题，更不失趣意，可以看出对整体的把控能力和对细节的认真，该作品很特别、很不错！ <div align="right">评论者：徐开心</div>	100
终结性成果师评 （改进后，参照评价 量规做综合评价并 打分 ）	日期：2018. 1. 9 改进后，该组的作品质量明显有了提高。片头片尾的制作使作品更为完整，字幕的添加产生活泼俏皮的感觉，音乐的使用也相得益彰。文本的撰写比较完整，脚本设计特别认真。云盘空间构建较好，过程性的成果有所体现。同学们使用的是学校的统配平板安卓 iPad 进行拍摄，设备极其普通，特别是在作品导出的时候经常卡机，多次遭遇困难，但大家齐心协力、加强合作、解决困难，取得最终成功，享受了艺术学习的乐趣。如果说还需要改进的话，那就是照片的拍摄还可以更清晰些，避免抖动和模糊，画面的背景要保持干净，不要出现动画外的干扰因素。加油！	95
课程学习体会 （可附页）	通过为期几个月的定格动画制作学习和实践，我们小组成员收获了许多。 在制作定格动画的一开始，我们小组便遭遇了很大的困难。虽然分配了任务，但许多组员不愿意出力，计划完全无法正常进行。我们所做的仅仅是给小组起了名字，连脚本都没有。 但在接下来的制作过程中，我们努力挽回颓势。我们邀请了新组员加入，并且踢出了不作为的老组员。我们着手制定脚本，重新确定组员分工，一切都有条不紊地进行着。我们组员之间保持着联系，相互交流，确保进度。最终，我们小组成员齐心协力，完成了定格动画的制作。 在本次定格动画的制作中，我们收获了许多：首先我们学会了合作，同学之间相互了解，互相配合，学会了如何制作定格动画，学会了如何逆转困境。我们感觉，在这次学习过程中很快乐！	

（二）《文具大逃亡》视频图像呈现（见图 4 –23 至图 4 –28）

图 4－23　出示片头

图 4－24　Breaking News

图 4－25　渴望自由的笔

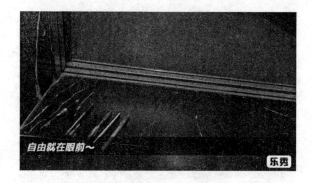

图 4 - 26 并排进入电梯的笔

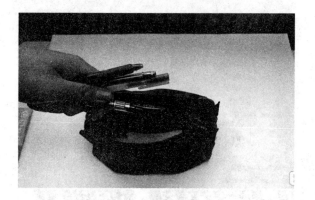

图 4 - 27 人把笔放入笔袋

图 4 - 28 To be continued

定格动画案例3：《小偷》

（一）《小偷》定格动画学习单

主题名称	小偷	班级	高一（8）
小组名称	第九工程工作室	指导教师	彭学军
小组成员	金俣辰、潘书燕、潘梦瑶	组长	宫雅婷
起讫时间	2018.10—2019.1		
大纲构思（制作类型、素材、技术、动画时长、内容梗概等，可附页）日期：2018.10.10	制作类型：绘画（手绘＋板绘）。 制作素材：绘画类平面作品。 使用技术：手机＋EV＋Adobe After Effects CC 2018＋Adobe Media Encoder CC2018。 时长：1分钟左右。 内容梗概：一个漆黑的夜晚，一个神秘的小偷盗走了一颗价值连城的宝石，在躲开了各种追捕后，他发现仍有两名警察在身后，一声枪响后……		
分析情节，完成脚本（详细的分镜头脚本等，可附页）日期：2018.10.17	00：00－00：01 开场 00：02－00：03 一枚钻石（镜头拉近，放大钻石）。 00：04－00：06 小偷把钻石拿在手里，细细端详（镜头拉远，把人物放进里面）。 00：07－00：09 小偷回头看了一眼（镜头拉大，只放眼睛）。 00：10－00：15 一名警察追了过来（镜头放远）。 00：16－00：18 警察开始追小偷。 00：19－00：20 小偷跳下楼（特写）。 00：21－00：32 另一名巡逻的警察追上来。 00：33－00：38 小偷跑进另一个岔道，却发现是一个死胡同。 00：39－00：46 一名警察举起枪（手、特写）。 00：47－00：49 子弹破空而出（特写）。		
任务分工（可添加）日期：2018.10.17	潘梦瑶		文书
	宫雅婷、潘梦瑶、潘书燕、金俣辰		摄影
	宫雅婷、潘书燕、金俣辰、潘梦瑶		绘画
	宫雅婷		后期

阶段性成果自评（用什么技术实现什么效果？参照评价量规做综合评价并打分）	日期：2018.11.21 我们组的作品为全组人员构思，主题鲜明、内容完整。主要用手绘＋板绘进行绘画，用手机拍摄。后期用 EV 剪辑，然后用 Adobe After Effects CC 2018 去水印，用 Adobe Media Encoder CC2018 渲染导出。角色分为警察和小偷，体现了小偷狡猾的特点和警察锲而不舍的特点，主要场景在房屋顶上，更体现警察抓小偷的紧张刺激。动画拍摄基本流畅，但有一些多余光线和别的干扰因素。配音富有个性，基本与作品主题相符。	87
阶段性成果互评（参照评价量规做综合评价并打分）	日期：2018.11.21 第九工程工作室的作品很有趣，也比较有创意，但看得出来帧数还是比较低的，镜头有一些抖动，背景也不太干净，也许是设备的原因，所以在动画拍摄这里要扣一些分。配音什么的挺好，其他都还行，我给 90 分。 　　　　　　　　　评论者：陈秀	90
阶段性成果师评（参照评价量规做综合评价并打分）	日期：2018.11.21 第九工程工作室的《小偷》，制作手法有特色，手绘＋板绘进行绘画，部分角色画了再剪下来进行拍摄，拍摄比较清晰，情节连贯、重点突出。文本撰写比较认真，人员分工明确，体现了原创性。需要改进的地方有：帧数可适当增加，角色动作可以更丰富。	92
终结性成果自评（改进后，加强何技术达成何效果？参照评价量规做综合评价并打分）	日期：2018.12.26 听了其他组的评价后，我们调亮了视频的光线，增强了对比度，并用视频编辑软件 EV 做了进一步处理，把原来打算用的 007 音乐换成了植物大战僵尸的，使故事更加生动，富有戏剧性。至于角色形象，因为借鉴了大家经常在影视作品中看到的怪盗形象，所以创意性上少了一些，在角色设计上不能拿满分，我们给自己的评分为 94 分。	94

续表

终结性成果互评（改进后，参照评价量规做综合评价并打分）	日期：2018.12.26 第九工程工作室的作品完成度还是比较高的，我最喜欢的是片尾结束的那段，给了我一些惊喜。并且借助了电脑绘画，看得出来他们很用心。比先前改进了很多，画面清晰了许多，只是右下角有一坨马赛克看着有点别扭，这是剪辑软件的祸。总体来说还是挺好的，给96分。 <div align="right">评论者：陈秀</div>	96
终结性成果师评（改进后，参照评价量规做综合评价并打分）	日期：2018.1.9 该组同学的作品颇具特色，特别是在同学和老师提出建议后进行了改进，效果又有了明显改善。可贵的是，该组同学在技术上的大胆实践和创新。通过本次定格动画的项目学习，学生对相关的技术有了一定的了解，能够自主学习探究软件的使用技巧，很好地服务于作品。借鉴了游戏中的音乐，也使作品更具节奏感。云盘空间构建较好，成果丰富，体现出学生过程性学习的努力。如果能够关注绘画的精致度，拍摄的光线稳定，增加帧数，动画的效果会更加流畅，剧情演绎会更生动。	95
课程学习体会（可附页）	通过这次课程学习，我们学到了许多知识。比如，在从前的学习中，我们体会不到合作能带来的利益，这次做定格动画让我们感受到了有些事不是单打独斗能完成的。在制作过程中，我们密切配合，有的同学负责脚本，有的同学负责绘画，有的同学举背景板，还有同学负责拍摄。要是没有大家的合作，这个定格动画可能再多几个月也做不完。这大概就是合作共赢的真理。 在电脑上安装使用那些专业的软件时，我们都很懵懂，多亏了团队的力量。我们四人通过多方搜索、收集资料、学习了解软件的基本操作方式、互相协助完成了后期的制作。 由此可见，成功离不开团队的合作！	

（二）《小偷》视频图像呈现（见图4-29至图4-31）

图 4 - 29 出现《小偷》片头

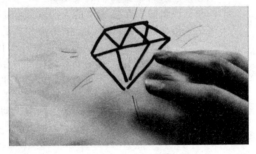

图 4 - 30 小偷偷宝石

图 4 - 31 警察追小偷

图4-32 小偷跳下楼

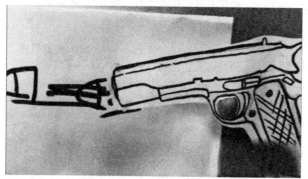

图4-33 警察开枪

图4-34 片尾合作字幕

定格动画案例4：《假面骑士 cross – z 定格动画测评》

（一）《假面骑士 cross – z 定格动画测评》定格动画学习单

主题名称	假面骑士 cross – z 定格动画测评	班级	高一（8）
小组名称	洋泾抢饭大队	指导教师	彭学军
小组成员	鲁毅阳、陶睿炘、王昊辰、盛苡茗、沈浩亮	组长	徐泽楷
起讫时间	2018.10—2019.1		
大纲构思（制作类型、素材、技术、动画时长、内容梗概等，可附页）日期：2018.10.10	制作类型：拍摄类（摆拍） 制作素材：假面骑士 cross – z SHF 模型 使用技术：定格动画工作室 app + Videoleap。 时长：1 分钟左右 内容梗概：假面骑士 cross – z SHF 模型测评。 测评内容：包装、配件、主体、可动关节。		
分析情节，完成脚本（详细的分镜头脚本等，可附页）日期：2018.10.17	00：00 – 00：01 开场。 00：02 – 00：05 外包展示，360°全方位展示。 00：06 – 00：08 内容物一览。 00：09 – 00：10 手型展示。 00：11 – 00：16 twin – breaker 及龙瓶展示。 00：17 – 00：26 主体 360°展示。 00：27 – 00：36 主体可动展示。		

任务分工（可添加）日期：2018.10.17	徐泽楷	导演、摄影、监制、后期、道具
	鲁毅阳、陶睿炘、王昊辰	场景布置
	沈浩亮、盛苡茗	文本

阶段性成果自评（用什么技术实现什么效果？参照评价量规做综合评价并打分）	日期：2018.11.21 前期，我们小组使用定格动画工作室 App 进行拍摄，后期用 Videoleap 软件进行编辑。音乐"be the one"。音效出自《假面骑士 build 特摄片》第十七集。拍摄过程中，由于前期没有处理好自动曝光，导致个别镜头有闪烁，个别画面拍摄有点模糊，局部音乐还可以调整。	80

续表

阶段性成果互评（参照评价量规做综合评价并打分）	日期：2018.11.21 此作品为作者原创作品，主题为展示假面骑士的样貌及功能。主体较模糊，使用模型作为拍摄对象，形式新颖有创意，希望后续创作改进。 <div align="right">评论者：吴俊莹</div>	82
阶段性成果师评（参照评价量规做综合评价并打分）	日期：2018.11.21 该组同学制作的作品《假面骑士 cross－z 定格动画测评》，原创作品。作品拍摄帧数较多，视频流畅自然，动作细节处理较好，音乐贴切，视觉冲击力强。接下来要关注拍摄的光线尽量稳定，照片不要模糊，加强后期制作，加强云盘空间的建设。	83
终结性成果自评（改进后，加强何技术达成何效果？参照评价量规做综合评价并打分）	日期：2018.12.26 历经两个多月，"洋泾抢饭大队"的作品终于完成了。其中遇到并克服了许多困难，由最初的韵律操变为现在的模型测评。拍摄风格上参照了几位 B 站 UP 主的风格。拍摄的作品完全原创，背景、拍摄等方面都较为满意，音效特意截取了原版视频。过程性学习的成果也及时充实。拍摄过程抖动减少，动画细节比之前更注重光线的运用。后期我们借助 Videoleap 加以改进。通过组员的不断努力，将原本看似复杂的过程不断缩减，作品也是我们的汗水结晶，在我们心目中它永远是最棒的那一个。	85
终结性成果互评（改进后，参照评价量规做综合评价并打分）	日期：2018.12.26 人物动作增多，用动作多样代替表情。主题在左上角有注明，便于理解。配音真实生动，给人以热血的感觉。具有个性化，有创新性。动画背景干净，没有干扰因素。画面不闪烁，任务动作连贯，能用镜头语言表达自己的主题。 <div align="right">评论者：吴俊莹</div>	92

终结性成果师评（改进后，参照评价量规做综合评价并打分）	日期：2018.1.9 "洋泾抢饭大队"制作的作品经过改进后，质量有了很大提高。该组同学的作品给人最大的感觉是可看性好，视觉冲击力强，音乐和画面的搭配相得益彰。在技术上，使用的软件并不多，但发挥了很好的作用。该组同学制作过程经历了种种困难，起初想拍人偶做操，但由于背景、手机架等诸多原因做不下去。之后重新设计脚本，卷土重来。正是由于碰到困难，积累了宝贵经验，也由于他们的坚持努力，才有了这个优秀作品的诞生，来之不易。云盘空间构建也较之之前丰富了。如果要提建议的话，那就是：动画时长略短，匆匆收尾。可能课时不够的原因。以后若有机会改善的话，建议延长帧数，将会更完美。	96
课程学习体会（可附页）	伴随着学期的结束，我们定格动画的制作也落下了帷幕。近一个学期的美术课，我们时而欢笑，时而严肃，有时为了一个新的方案绞尽脑汁，夜不能寐。从陌生到熟悉，定格动画成了我们学习生活与创作的一个支点，撬动了我们被学习压住的心。 从一帧帧到一个片段，日积月累的拍摄没让我们觉得乏味，似乎拥有着一种魔力，让我们继续前进，忘却疲惫，就像习主席说的："不忘初心，砥砺前进。"定格动画带给我们的收获与体验是日常学习生活中无法得到的，它让我们尝到了团队协作的重要，独立探索的喜悦和成果汇报的自豪。这就是定格动画的魅力。	

（二）《假面骑士 cross - z 定格动画测评》视频图像呈现（见图 4 - 35 至图 4 - 40）

图 4 – 35　出示片头

图 4 – 36　模型外包展示

图 4 – 37　内容物一览

图 4 – 38　twin – breaker 展示

图 4 – 39　可动展示

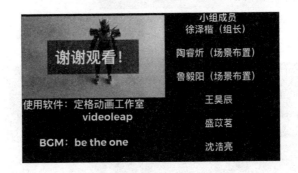

图 4 – 40　出示片尾

（三）《假面骑士 cross – z 定格动画测评》拍摄过程（见图 4 –
41 至图 4 – 45）

图 4 – 41　布置场景

图 4 – 42　开始拍摄

图 4 – 43　小组合作

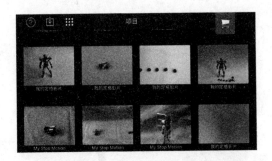

图4-44 用 Stop motion 采集的图像1

图4-45 用 Stop motion 采集的图像2

定格动画案例5：《达拉崩吧》

（一）《达拉崩吧》定格动画学习单

主题名称	达拉崩吧	班级	高一（4）
小组名称	夕阳红养老院	指导教师	彭学军
小组成员	翟优秀、张云冉、姚嘉宁、张捷、王书易	组长	徐天伦
起讫时间	2018.10—2019.1		
大纲构思（制作类型、素材、技术、动画时长、内容梗概等，可附页）日期：2018.10.10	制作类型：手绘板绘制。 制作素材：绘画类平面作品。 使用技术：sai + 爱剪辑。 时长：3分钟左右。 内容梗概：巨龙带来了灾难，带走了公主，英雄达拉崩吧带着希望出发，历尽千辛万苦找到了巨龙与公主，并击败了巨龙，救回了公主。		

分析情节，完成脚本（详细的分镜头脚本等，可附页） 日期：2018.10.17	00：00 - 00：16 开场。 场景一 00：17 - 00：25 很久很久以前，巨龙突然出现，带来灾难，带走了公主又消失不见，王国十分危险。 00：26 - 00：50 世间谁最勇敢，一位勇者赶来大声喊："我要带上最好的剑，翻过最高的山，闯进最深的森林，把公主带回到面前。"国王非常高兴忙问他的姓名，年轻人想了想，他说："陛下，我叫达拉崩吧斑得贝迪卜多比鲁翁，再来一次，达拉崩吧斑得贝迪卜多比鲁翁。""是不是达拉崩吧斑得贝迪卜多比鲁翁？""对对，达拉崩吧斑得贝迪卜多比鲁翁。" 场景二 00：51 - 01：21 英雄达拉崩吧，骑上最快的马，带着大家的希望从城堡里出发，战胜怪兽来袭，获得十二金币，无数伤痕见证他慢慢升级，偏远美丽村庄打开所有宝箱，一路风霜伴随指引前路的圣月光，闯入一座山洞。 场景三 01：22 - 02：08 公主和可怕巨龙，英雄拔出宝剑。巨龙说："我是昆图库塔卡提考特苏瓦西拉松，再来一次，昆图库塔卡提考特苏瓦西拉松""是不是，昆特牌提琴，烤蛋挞，苏打，马拉松""不对，是昆图库塔卡提考特苏瓦西拉松"于是，达拉崩吧斑得贝迪卜多比鲁翁，砍向昆图库塔卡提考特苏瓦西拉松，然后，昆图库塔卡提考特苏瓦西拉松咬了达拉崩吧斑得贝迪卜多比鲁翁，最后，达拉崩吧斑得贝迪卜多比鲁翁，他战胜了昆图库塔卡提考特苏瓦西拉松，救出了公主米娅莫拉苏娜丹妮谢莉红，回到了，蒙达鲁克硫斯伯古比奇巴勒城。 结局 02：09 - 02：55 国王听说达拉崩吧斑得贝迪卜多比鲁翁，他打败了昆图库塔卡提考特苏瓦西拉松，就把公主米娅莫拉苏娜丹妮谢莉红，嫁给达拉崩吧斑得贝迪卜多比鲁翁，（啦啦）达拉崩吧公主米娅幸福得像个童话，他们生下一个孩子也在渐渐长大，为了避免以后麻烦，孩子称作王浩然，他的全名十分难念我不想说一遍。

任务分工 （可添加） 日期： 2018.10.17	徐天伦、张捷	美工	
	徐天伦	脚本	
	张云冉、翟优秀	后期	
	姚嘉宁	监制	
阶段性成果自评 （用什么技术实现什么效果？参照评价量规做综合评价并打分）	日期：2018.11.21 前期，我们使用 sai 手绘板进行绘制，后期用爱剪辑进行编辑。总体完成情况良好，达到了预期效果。在后期剪辑时出现了一点状况，导致音画不同步。故事参考了网上一些现有的作品，原创性有待提高。		95
阶段性成果互评 （参照评价量规做综合评价并打分）	日期：2018.11.21 图片与音乐配合叫同步，配图原创，给观赏者的感觉更加新鲜。音乐是大家都熟知的，但配图的剧情有时出人意料。当然也有一些不足之处，也许因为剪辑的问题，音乐后面戛然而止，有一些突兀。 评论者：曹嘉悦		96
阶段性成果师评 （参照评价量规做综合评价并打分）	日期：2018.11.21 "夕阳红养老院"小组的定格动画主题"达拉崩吧"，比较时尚，紧跟潮流。是根据 2017 年 3 月 25 日由虚拟歌姬洛天依、言和联合演唱的一首歌曲"达拉崩吧"，配上图像进行二度创作的作品。前期用 sai 进行绘制，后期用爱剪辑编辑。图像与音乐匹配度较好，节奏感强。如果能加强后期片尾音乐的处理，及时完善补充云盘空间资料，则会更好。		95
终结性成果自评 （改进后，加强何技术达成何效果？参照评价量规做综合评价并打分）	日期：2018.12.26 修复了一些小问题，通过重新加工之后，视频的流畅度有了提升，视频内不再卡壳，添加了部分新配图，使得故事更加易懂，增强了故事的完整性、图片的衔接做了些许调整，仅仅只是一秒的差别，也会带来不同的观看体验。在小组成员每个人的努力与共同监督下，还算有不错的观看体验。然而片尾音乐戛然而止的问题，因为软件本身和一些技术问题，仍未有太大的改善。		98

续表

终结性成果互评 （改进后，参照评价 量规做综合评价并 打分）	日期：2018.12.26 经过一番修改后，动画视频有了不错的提高。图片与音乐的配合度更加完善，是的流畅度有了很大的提高。增添了部分新的图片与文字，使得剧情更加完善，让先前对达拉崩吧音乐没有了解的同学也可以更好地从中理解作品想表达的意思。 <div align="right">评论者：曹嘉悦</div>	97
终结性成果师评 （改进后，参照评价 量规做综合评价并 打分 ）	日期：2018.1.9 通过修改，该组同学的作品更趋成熟和完美了。作品给人的感觉是新颖独特，节奏感强，歌曲动感劲爆，使用sai手绘板进行绘制的图像生动有趣，音乐和图像结合相得益彰。后期的剪辑也比较到位，作品完整度高。云盘空间的阶段性成果也有补充，更为丰富。该组同学在制作过程中非常认真，反复修改，力图达到更好的效果。如果还需要改进的话，那就是如该组同学自己认识到的那样，片尾音乐仍然存在戛然而止的现象，缺少渐出的过渡，留下一点遗憾。	97
课程学习体会 （可附页）	在此课程中，我们学会了如何团队合作。作为第一次接触定格动画的我们，心中怀有好奇、忐忑和兴致。在制作过程中，我们不断地摸索，从一开始什么都不会，慢慢地掌握各种剪辑方法，学会了一种新的技能。当然，我们遇到了困难，有时候觉得主题不够好，有时候觉得制作难度高，甚至有时一些技术性的难题让我们无从下手……但在一次次的坚定信念后，我们坚持到了最后。一次次的修改和完善，让我们学会了在完成任务的基础上使其更加完美。在学习的道路上，我们学会了如何展示和表达自我，如何在已有的想法上进行创新，更重要的是学会了如何让一个小组更加团结。 这个学期的定格动画制作只是一个简短的开始，我们以后要面对的不止是这些。新的事物在这个时代不断涌现，也是需要我们发挥创造力的原因。世界因为创造力而不断运转。当然，还有面对困难坚持到底的决心也是必要的。美术课教给我们的不仅是如何制作动画，还有处理困难、团队合作的能力。都说学科是相通的，每一门科目都有存在的理由。它们合在一起，就可以让我们遇见更好的自己。学习新的知识是一个不断挑战自己的过程，困难是让我们变得更好的基石，只有将一次次的困难转化为经验，方能走得更远，变得更好！	

五、定格动画课程反思

（一）历经近一个学期的定格动画课程学习，收获颇多，感慨颇多

说实话，直到最后一节课，都觉得课时不够。"理想很丰满，现实很骨感"。在课程开展的过程中，遭遇了种种困难和艰辛。特别是进入实践操作环节，要求每个小组制作一部定格动画，困难随之而来。

首先，是设备问题。学生的手机在校内都由班主任统一保管，下午最后一节课才发放下去。因此，很多班级的学生都无法用手机拍摄。为了解决这个问题，教师借用学校的智慧教室上课，学生可以用配套的 iPad 进行拍摄，到后期导出编辑。部分班级的课安排在下午最后两节，手机已经发放下来，那么就可以用手机进行拍摄。手机轻便，容易固定机位，适合拍精细的场景。iPad 体积大、重，较难固定，适合拍大场景。从学生交上来的作品看，大部分优秀的作品都是用手机拍摄的，但也不乏 iPad 拍摄的优秀作品。

其次，是技术问题。不少学生没有接受过专业的摄影训练，导致构图不饱满、背景杂乱、镜头抖动、画面模糊等；有的小组机位不固定，跑上来就拍，造成视频画面不稳定，剧烈跳动；有的小组拍摄的帧数太少，导致视频缺乏连贯性；有的小组照片全部拍好了，视频形成了，可是不会后期剪辑。因此，在过程性评价时，教师针对每个小组的具体问题一对一辅导，学生反复修改或者返工重来。

最后，是课时问题。艺术课每周一节，40 分钟课时，每次学生来先要准备设备、材料、场景，然后拍摄，每节课只能拍一小部分，第二周再接着拍。这样的缺点是机位不易固定，光线容易变化，情绪容易遭到破坏，拍得正高兴，下课铃突然响了，十分扫兴。另外，即便是实践了将近一个学期，但是还有相当一些学生的作品并未真正完成，或者说还有待改善。定格动画制作过程繁复，一个学期的课时对于完成一件优秀的作品还是不够。所以笔者也在思考，以后该课程可以在拓展型课开设，面向有兴趣的学生招生，人员减少、场地固定、时间延伸，更适合精致化作品的制作。

（二）通过定格动画的制作，学生收获很大

从学习单"课程学习体会"一栏中发现，学生的收获主要体现在以下几点：一是技术应用能力得到提升。分析每一组学生的技术使用情况，都会有意外的惊喜，学生并没有完全按照老师推荐的软件去做，而是根据自己平时使用的习惯、同学间的交流分享，或者通过查询搜索，下载了很多新的软件加以尝试。比如：爱剪辑、Videoleap、乐秀、小影、EV、imovie、Wondershare 等，让人耳目一新。而掌握新技术，是现代人应该具备的必要能力。

（三）从定格动画课程的设计到实施，教师也有许多收获

带领学生制作的过程，也是教师学习和反思改进的过程。学生确定主题、设计脚本、搭建场景、布置灯光、导出影片、后期剪辑……这些都需要教师细致耐心的帮助和鼓励。查看每一份学习单，欣赏每一个定格动画视频，教师会学到很多新名词，从而了解到当下学生的兴趣点和热点，比如 molly、达拉崩吧、假面骑士 cross－z、鬼畜康纳、我在东北玩泥巴、火星文字……贴近学生去了解他们的喜好，了解当下的流行要素，有助于教师教学的精准定位，也有助于师生之间拉近距离，促进教学的高效率。

思考题：

（1）定格动画是一种古老的动画形式，在信息技术爆炸的当下，它会有哪些新颖的制作方式呢？

（2）在你的美术课中是否尝试过定格动画教学？如果请你开发定格动画课程，你将如何设计？请和大家分享。

第五章

技术优化美术教学环节

第一节　技术应用于美术教学环节的原则

信息技术运用于美术教学是当今图像时代的必然趋势，是科学技术发展的必然结果。信息技术支持下的美术教学相对于传统教学呈现出明显的优势：它以其迅速、便捷、丰富、生动、大容量的特点，为拓展学生的审美视野发挥了无与伦比的功能；强化视觉冲击力，凸显美术的视觉性，激发学生的学习兴趣；参与信息的收集和处理，丰富学生自主探究的美术学习经历；网络环境下的智慧课堂教学，加强学生团队合作能力以及信息技术运用能力。

我们在应用信息技术手段优化美术教学环节的同时，要注意技术的使用原则。

实效性原则。围绕教学目标，促进教学重难点突破为要。

辅助性原则。师生始终是学习的主体，技术应该为学生参与互动服务。

适宜性原则。找准解决问题的切入点。

适度性原则。生成与预设。给教学预留生成空间，设计弹性的评价环节。

最小代价原则。成本与效益。巧用现成资源，资源共享节约成本，小成本获大利益。

随着科学技术的迅猛发展，信息技术支持的工具也愈发强大和丰富。例如，导入环节，可以运用 Prezi、Seewo 白板、各种视频播放软件等技术工具支持；新授环节，可以运用 PPT、思维导图、iPad 等技术工具支持；作业环节，可以运用 Photoshop、AVS Video Editor、sai 等技术工具支持；展示环节，可以运用 QQ、微信、美图秀秀、Video Collage、二维码等技术工具支持；评价环节，可以运用 QQ、HappyClass 智慧课堂评价系统、问卷星等技术工具支持。

需要提醒的是，很多技术工具可以支持多个教学环节，甚至贯穿课前课后、课内课外教学全过程，如 QQ、微信等。另外，根据教学需要，利用微课可以优化教学的任何环节。

第二节　技术优化美术教学环节案例

信息技术为美术教育不受时间和空间限制的教与学提供有力的保障。笔者带领研究团队开展了一系列教学实践研究，探索新媒体背景下中小学美术教学的前沿做法。以下是研究团队的部分老师，就"如何运用各类技术手段优化美术教学环节"的主题做一个简要的经验分享。

一、技术支持的导入

➤ 基于白板的微视频优化美术课导入环节的运用

作为一名小学美术老师，我经常思考一个问题：如何能够更好地将多媒体运用到自己的美术教学中，从而提高教学质量。于是我尝试微课和微视频的制作，并且在教学中进行实践，逐渐体会到多媒体的使用给课堂教学和学生带来的变化。下面，以《漂亮的纸筒》为例，介绍一下基于白板的微视频优化导入环节的运用。

《漂亮的纸筒》是一年级上册第四单元中的第一课，本单元让孩子们从生活中发现形状，引导对各种材料的运用和对造型美的感受，培养想象力和动手能力。本课则通过引导学生观察图形变化及不同排版，尝试动手表现纸筒的造型美，体验动手的乐趣。为了能够更好地吸引一年级学生的注意力，我在导入环节设计制作了一个微视频，以动画的形式呈现，并把动画中的主人公设计成卡通形象（见图5-1）。一年级的学生集中注意力的时间只有15分钟，这短短的30秒动画瞬间吸引了他们的注意力，激发了其学习兴趣，迅速进入到课堂学习状态中。

虽然只有短短的30秒，但这个小动画的设计制作花了我不少精力，需要做很多前期准备工作，也用到了许多不同的软件。首先需要写一份大纲，将自己的旁白用手机自带的录音软件录下来，也可以使用录音笔或专业录音麦克风。然后将录音文件导入到视频软件premiere之中，与此同时，需要制作好故事中需要的背景图案和人物形象。由于本课我需要的形象和图案有一定的指定性，为了突出纸

图 5 - 1　卡通形象的主人公

筒的装饰性，我需要一个由许多漂亮纸筒装饰的房间画面，所以我选择使用绘图软件 Photoshop，结合手绘板，在电脑上绘制自己所需要的画面（见图 5 - 2）。如果没有手绘板，也可以在画纸上手绘完成之后，拍照导入到 premiere 中。

图 5 - 2　绘图软件和手绘板结合制作的作品

　　所有的准备工作完成之后，在 premiere 里进行调整制作，若设计运动的画面，就在 premiere 中规划运动轨迹，让图片动起来。另外也可以给画面加上字幕让学生看得更加清晰，最后添加背景音乐，使视频更加完整。通过以上流程，一个短小的导入动画就完成了。

另外，本节课也使用了白板交互的功能。我在白板上模拟了纸筒平铺画面，将各种颜色、各种形状的图案整齐地排放在一边，让学生在白板上摆放纸片来装饰纸筒。有的小朋友摆放的颜色不太合适，其他小朋友就会提醒，他马上进行了调整。因此，交互式白板教学让学生更容易发现问题并解决问题，学生的积极性和参与度也有很大的提高，大家争先恐后地上讲台展示自我，提升了教学目标。

有了小动画的导入，课堂效果明显好很多。对于低年级的学生来说，故事化的情境导入能让他们迅速提高兴趣，更好地理解课堂内容。白板的交互式功能为课堂带来了活力，也带给学生亲身体验互动的乐趣。多媒体进课堂是一种趋势，也是新课标的要求，在今后的美术课堂教学中，我将更多地尝试多媒体的运用，让多媒体在我的教学中大放异彩！

浦东新区向阳小学　刘晗薇

二、技术支持的新授

➤ 幻灯片助力美术课新授环节

幻灯片在我们日常教学中的作用功不可没。对于所有老师来说，幻灯片的使用司空见惯，它已经成为教学各个环节中必不可少的技术工具，特别是在新授环节更能体现出它的价值。正因为如此，我们更要认真地对待幻灯片制作，尤其是作为美术教师，对幻灯片的要求应该精益求精，体现出美术学科艺术特色。对幻灯片功能的开发也是我们要追求的。

（一）注入 VI 设计理念

强调视觉统一，幻灯片的设计风格、视觉符号、色调要统一。精心选择素材，图片和文字的结合详略得当，排版突出重点，强化视觉效果。精美的幻灯片能给学生留下深刻印象，有助于教学目标的高效达成。比如，笔者开发设计的《全球最贵 10 幅油画拍卖会》一课，幻灯片制作就十分讲究，整个背景都用了黑色，每张幻灯片左上角都有一条果绿色的笔触作为统一的视觉符号，与拍品相关的信息用果绿色线条框起来，清晰明了。拍卖的名画配金黄色复古雕花油画框，显得金碧辉煌。拍品的名称、年代、作者、规格等信息写在一个回形针夹住的便笺纸上面。标题用红色的华文琥珀字体，镶白边。笔者设计了每张幻灯片的切换方式为向左上方"揭开"（见图 5 - 3），设计感十足。此课作为上海市美术名师基地教学公开课进行市级展示，课后，不少教师前来索讨此课件。

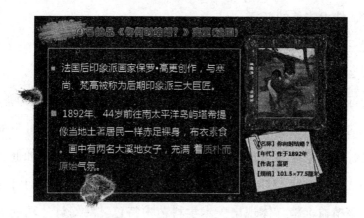

图 5 - 3   全球最贵 10 幅油画拍卖会幻灯片

（二）将视频、图片、音乐等素材统整在一个幻灯片

美术教学课件除了幻灯片之外，通常还有相关的教学视频、图片、音乐、小动画等要素。教师备课时，最好能将相关素材插入幻灯片，以保证新授环节教学的顺畅、高效。在幻灯片中插入图片基本普及了，插入视频也并非难事，打开幻灯片，点击"插入"下面的"视频"，点击选择"文件中的视频"一项，在文件目录下找到对应文件，插入视频后，单击视频，上方选项卡会显示"播放"一项，点击"播放"对视频在幻灯片上的播放模式进行设置，可以设置为自动播放和单击播放。还可以设置"淡入""淡出"等效果。插入本地视频主要推荐的视频格式为 avi、wmv 一些主流的媒体格式，主要是考虑到在其他版本幻灯片播放时的兼容问题。在插入之前把幻灯片和视频、小动画、照片等相关素材放在同一个文件夹里。

在《全球最贵 10 幅油画拍卖会》一课中，教师将视频、动画、音乐、图片等素材在备课时都整合在一个幻灯片里，所有的资料、素材都反复斟酌，紧扣主题。整堂课教师以幻灯片辅助教学全过程，在课程小结前，教师点击幻灯片播放自制的微视频，揭示截至 2015年 3 月全球最贵 10 幅油画排行榜，谜底揭晓！视频动感劲爆，内容惊心动魄，顿时吸引了学生的注意力。教师还在某几张幻灯片中嵌入背景音乐，增加课堂教学节奏感，从而深化教学目标，突破教学的重难点。

（三）幻灯片快捷键的使用

在幻灯片放映过程中，有很多快捷键可以使用，比如，教师有

时候需要学生安静地做一些练习，但又怕放映中的幻灯片干扰到学生，这个时候，可以按快捷键：B 键——黑屏，W 键——白屏，再按一下 B 键或 W 键，就恢复了；在讲解过程中需要在幻灯片上标注重点，可以使用画笔标记——Ctrl + P；擦除屏幕上的注释用 E 键；F5 是放映幻灯片。掌握这些快捷键的功能，能提高新授环节的效率。

（四）特殊字体在幻灯片里的使用

为了获得好的效果，我们通常会在幻灯片中使用一些漂亮的字体，可是将幻灯片复制到演示现场进行播放时，由于格式不兼容或者对方电脑里没有安装这种字体，这些漂亮的字体变成了普通字体，甚至由于字体变化造成排版凌乱，严重影响演示效果。如何解决这个问题呢？在幻灯片中，执行"文件—另存为"，在对话框中点击"工具"按钮，在下拉菜单中选择"保存选项"，在弹出其对话框中选中"将字体嵌入文件"项，然后根据需要选择"只嵌入演示文稿中所用的字符"（适于减少文件大小）或"嵌入所有字符"（适于其他人编辑）项。但是，"将字体嵌入文件"两个选项有什么不同呢？第一种嵌入字体——只嵌入演示文稿中使用字符（适于减少文件大小）。这一种嵌入字体不会影响到观众的观看，但是会影响到幻灯片的修改，比如修改这个文字它将自动替换成电脑上默认的中文字体，而不再是你嵌入的这个特殊字体。第二种嵌入字体——嵌入所有字符（适于其他人编辑）。这一种嵌入字体将整个幻灯片所用的字体程序库都打包嵌入进去的，相当于你把这个字体安装在你的幻灯片中，所以你修改的话自然显示的还是这一款嵌入的字体。为了减少演示文稿的容量，在选中"将字体嵌入文件"选项后，再选定下面的"仅嵌入演示文稿中使用字符"选项，单击确定，关闭"选项"对话框。可是，有时候我们会碰到某些字体无法随幻灯片演示文稿一起保存，原因是"许可限制"，也就是说这些字体无法嵌入幻灯片中，这是因为这些字体有许可限制，比如"叶根友毛笔行书"等字体。那怎么解决这个问题呢？办法一就是把字体文件和幻灯片一起带走，到时把字体文件复制入 C：\ WINDOWS \ Fonts 文件夹。办法二就是忍痛割爱，换一种字体。办法三就是把这些喜欢的文字另存为 PNG 格式的图片，插入幻灯片。

掌握这个技巧对于美术教师而言，简直如虎添翼。笔者在上《中国古典园林的意境美》一课时，下载了"迷你繁篆书"的字体，增加一些古朴的意味。用了以上的方法后，在任何地方授课字体都不会变化，为美术课件增色不少。

幻灯片助力美术课新授环节的方法和案例还有很多，希望笔者的以上实践能带给各位同行一些启发。随着科学技术的飞速发展，幻灯片的版本也在不断更新，功能愈发强大，我们平时的大部分教学课件仅仅开发了幻灯片的一小部分功能。希望美术教师能够积极努力钻研幻灯片，制作出更多具有美术特色的精美课件，更好地服务于教学。

上海市洋泾中学　彭学军

三、技术支持的作业

➢ 让 FLASH 成为美术课中作业指导的好帮手

FLASH动画可以成为美术课中"动画"单元的独立篇章，但这里要讲的，是将这个工具运用于美术教学中"作业指导"环节的案例。

初中美术作业形式多样，当堂示范讲解应该是最为直观有效的方式，但有时限于时间或其他原因，教师很难将一个完整的作业步骤在短短几分钟内全部演示一遍，尤其是当作业设计有多种创意方向的时候，计算机动画软件就能帮上忙。

案例一：《我设计的装饰象形字》

这是八年级艺术教材中一课，教材中提供了一种以象形字为素材制作装饰性剪贴作品的方法，可以分为两套色和三套色的不同剪法。除去"象形字"本身的造型设计创意之外，还要关注其制作过程中如笔画的布局、每个部件的阴阳区分、对称和非对称的不同贴法等要点。

笔者根据这些需求，制作了一个简单的FLASH动画，分为两套色与三套色两个版本。动画在说明这些要点的同时，也演绎了两种不同套色做法的区别，从选色到粘贴的整个过程。其中两套色做法动画中出现一大一小两张的彩纸，首先在小纸上用线条画出自己设计的象形字的笔画，这时提示所有笔画最终要延展到彩纸的边缘，然后沿笔画剪开，成为一个个独立的部件，再把这些部件中的一半按阴阳之别贴到大于小纸一倍的大纸的一侧，而另一侧则贴余下部件，这样就形成了一个对称的装饰剪贴（见图5-4）。

图5-4　两套色做法的"龙"字

与两套色相比，三套色做法不仅多了一张彩纸，也多出一个将两张小纸叠放在一起剪的动作，之后的排、贴也与两套色示例中的对称贴法不同。（见图 5 - 5）

图 5 - 5 三套色做法的"龙"字

FLASH 动画软件的优势主要有两方面，一是便捷直观的绘画工具，可以不借助数码画笔，仅用鼠标"徒手"画出较为复杂的图形；二是它的动画功能，可以把难以在课堂上直接呈现的那些较复杂或费时的示范步骤用动画方式演绎出来。案例中正是充分利用这两大优势，将画、叠、剪、贴等步骤用直观稳定的动画加以表现，使学生在短时间里掌握了作业制作的基本要点，并能很快上手（见图 5 - 6），也省下了教师大量的重复课堂示范时间。

图 5 - 6 学生作业"水""箭""凤""龙"

案例二：《设计音乐主题文化衫》

六年级美术《有趣的剪影》单元的主要作业形式是制作人物或动物、景物的剪影，其难点在于要求学生有较高的写实技能。笔者在此基础上衍生出《设计音乐主题文化衫》一课，引导学生能够比较轻松地剪出衣服的外形，再用层次反差较大的彩色纸在"衣服"

上制作带有音乐元素的剪影，形成一件完整的"文化衫"。衣服外形的设计示意图和效果图，使用 FLASH 中自带的矢量绘图工具就能轻松完成，并且可用同一个"文化衫"的外形模板，制作出更多不同图形元素的"成品"示例效果图（见图 5－7）。

图 5－7　外形示意图和示例效果图

该课教学中有一个环节讲到图形元素的变形，包括"夸张、扭曲、打散、象形、重复和方向变化、阴阳变化"等不同的变形方式。笔者以一个简单的音符图形为例，使用软件中的矢量绘图工具快速地完成了这一系列变化的图形，使学生很快理解"变形"这个词对于图形的含义，同时也直观地为学生指明了实践图形"变形"的方向（见图 5－8）。

图 5－8　一个音符图案的变形

总之，美术教师如能充分运用动画软件中"画"和"动"的相关功能，就可在课堂教学中拥有更多的选择和便利，当然，并不局限于"作业指导"这一环节。

上海市实验学校　宋姑来

四、技术支持的展示

➤ 借助微信平台进行作业的展示

微信作为腾讯公司于 2011 年推出的一个为智能终端提供即时通信服务的免费应用程序，具有较强的交互性功能。用户可以通过朋友圈免费发表视频、文字和图片，同时可通过其他软件将文章或者音乐分享到朋友圈。用户可以对好友新发的照片进行"评论"或"赞"，用户只能看相同好友的评论或赞。利用这个优势，笔者经常在微信平台进行学生作业的展示。当然，展示的形式也是多样化的，下面列举 5 种：

（一）教师点击微信右上角照相机图标，从手机相册选择学生作品照片直接上传，在朋友圈及时分享。这种方式通常是随机的，在课堂教学过程中，教师发现优秀的学生作品，顺手拍照，上传展示。

（二）俗话说：七分画三分裱。很多画作通过装裱，顿时熠熠生辉。不少学生的作品一开始并不完美，在教师的指导下，学生将作品进行"修饰装裱"，改善画面效果。与传统的做法不同，我们的装裱通常是利用一些软件来完成的。比如，《尝试抽象画》一课，教师通过当场示范抽象画，引导学生知道抽象画的概念和特点；了解抽象画中点、线、面、色彩的组合规律；寻找抽象画中的音乐性，以及音乐和绘画之间的通感；用点、线、面、色彩抒发聆听音乐后的情感，尝试抽象画；学会将最美画面定格装裱，了解"七分画，三分裱"的配框艺术，最后实现作业展示的要求。具体操作时，我们先对作品进行拍照，利用各类软件如 photoshop、美图秀秀、手机自

201

带功能等进行裁剪修饰，调整清晰度、色调、饱和度等，留下最美画面。再利用拼立得、美图秀秀、海报工厂等 App 配框。修饰装裱好的作品上传微信平台展示，引来赞美声一片（见图 5 - 9），还有不少人咨询作品的创作过程。

图 5 - 9　装裱好的抽象画作品

（三）上面介绍的两种都是二维平面作品的展示，如果是想展示平面和视频相结合的作品该如何操作？这里推荐一款 App，它的名字叫 Video Collage。笔者在进行定格动画教学时就用到了它。有一组学生制作了《假面骑士 cross - z 定格动画测评》的定格动画作品，视频制作流畅精美，教师很想将他们的视频和过程的照片进行展示，于是就用到了 Video Collage。点击该软件，选择三个框组合的相框，分别点击左边和右下方的框上传照片，再点击右上方最大的框上传视频，点击右上方"存储"功能，视频就完成了压缩，再点击右上方的键进行"存储视频"，该作品就被保存至手机照片里了。接下来进行发布，点击微信，上传该作品，你会收到提示"朋友圈只能分享10秒内的视频，需进行编辑"，依据提示进行编辑，点击"完成"，然后填写"这一刻的想法"，最终将作品发布至微信平台。这种动静结合的展示方式新颖独特，视觉冲击力强，制作过程和制作结果一目了然，吸引了不少朋友前来观看评论（见图5－10）。

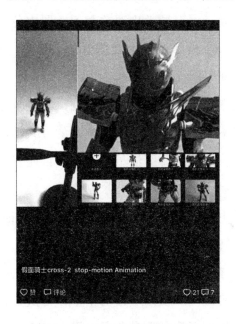

图5－10 照片和视频组合展示

（四）第三种方法虽然成功地上传了视频，可是视频时长限制太短，只有10秒钟。实际上，很多作品的时间远远超过这个时长。对于时间较长的视频作品该如何在微信平台展示呢？这里介绍一个方法：将视频生成二维码，然后将二维码的图片发布至微信平台，大家可以通过扫码二维码进行观看。

（五）发布较长视频，或者要展示一些复杂学习过程的另外一个方法是注册微信公众号。笔者注册了一个微信公众号，叫"彭老师的艺术教室",借助这个微信公众号平台,笔者经常发布一些美术教学的案例、优秀的美术作品、视频学习资料、学习的过程、小画家及作品推介等。比如2015年学校85周年校庆,笔者排演了一个7分钟的汉服秀节目,这个节目是从美术课堂内走出来的。设计成单元课,共分成5个课时。本课改变了传统艺术鉴赏课以听讲为主的教学模式,课内外联动,引导学生课前预习,课内分享交流,课后作业展示,撰写体会。教师以建立微信群的新媒体运用法促进教学,突破了时间和空间限制,构建了多层次学习伙伴。

节目的方案来自全体学生的参与策划,经过教师和节目组骨干选拔修改后确定下来;以学生自荐和推荐的方式招募演员,除了舞台上表演的诗人、走秀和舞蹈演员外,本节目还有几个很重要的幕后部门,如服装制作加工、舞美背景制作等;经过多次排练,到正式演出那天,学生的表演极其投入,效果极佳,震撼了上千位观众,尽显汉服飞动流转。

笔者在"彭老师的艺术教室"微信平台连续发布了三期该课程的活动情况,取名为"汉服秀'锦绣中华,礼仪之邦'",分别展示学生设计的带有汉服元素的服装作品;幕后诗人、主持、走秀、茶艺、舞蹈排练的花絮,以及学生制作汉服的活动过程;舞台表演当天的视频、照片。通过连续三期的微信推送,较为全面地展示了"汉服秀"课程学习的成果,充分展现了学生的风采。微信朋友圈的朋友、同行、学生、家长等都纷纷前往点赞。一时间,学生和老师纷纷转发。有一位老师在微信下留言:"竟然被感动到,大赞!"可见,微信的展示宣传功能还是非常强大的(见图5-11)。

✕　　　**彭老师的艺术教室**　　　•••

课内外联动模式，打破年级界限，充分发挥学生自主
能动性。通过艺术实践，同学们感受到汉服的宽博大
气、神采飘逸，在舞台上汉服秀节目组为全校师生尽
情展现汉服的魅力。

图5－11　汉服秀微信推送

以上是笔者和各位分享的借助微信平台进行作业展示的五种方法，其中第四和第五种方法能够满足较长视频的展示，突破了微信平台仅限平面展示的"九宫格"限制。当然，笔者也期待和各位同行做进一步的深入切磋，分享交流更多的展示方法。

上海市洋泾中学　　彭学军

五、技术支持的评价

➤ 利用智慧教室多元评价功能落实美术核心素养

在高中美术课中，以国家普通高中美术课程标准为引领，合理运用希沃白板和 HappyClass 智慧课堂系统等相关信息技术，有效开展讲解、启发、示范、指导、评价等教学活动，以优化高中美术课堂教学 、培育学生美术核心素养、提升教师的教育教学能力和专业素养。

（一）希沃白板的多元评价功能

希沃白板的多元评价功能，主要是指能够通过白板中的"互动"功能和"课堂活动"功能等，在一定程度上引导学生深入学习知识，并有效帮助教师记录和统计评价的数据。在对于所学知识和技能的评价上，希沃白板 5 中有很多适合于课堂检测的相关功能，例如分类题、填空题、连线题、二人竞赛题等项目。在高三年级的《艺术品价格与市场》一课中，为了归纳并巩固了知识点，我一改以往的单向提问模式，而是尝试利用了希沃白板 5 的"课堂活动"功能。首先，我运用了"课堂活动"中的"选词填空"功能（见图 5 - 12），设计了一道填空题来巩固课堂教学，学生直接用手指在白板上移动填空项目，答对的就自动填入横线，答错的就不能填入横线。在这个操作过程中，可以及时反馈学生的学习情况，老师也可以针对性地讲解知识点。然后，我又运用了"课堂活动"中的"分组竞争"功能，组织了两名学生在讲台前进行答题竞赛，学生须在规定时间内点击选项，选项中有正确项，也有干扰项，学生可以重复选择正确项以达到更高的分数，也可能因为选择了干扰项而减少分数，最后会生成学生的答题结果和答题分析，以供教师进行课堂讲解（图5-13）。

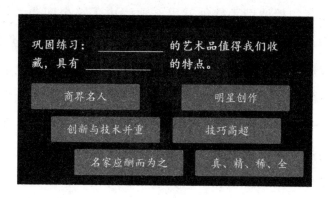

图 5-12　选词填空

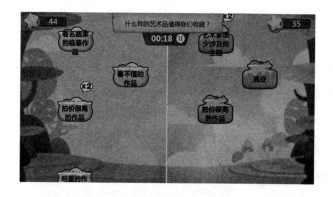

图 5-13　分组竞争

通过运用"课堂活动"功能的设计，提高了学生的学习兴趣和对于课堂的关注度，同时，教师也可以利用希沃白板的录屏和截图功能保存课堂的即时效果，达到多元评价的功效。

相对于知识与技能的评价，在衡量文化理解、创意表现等核心素养的评价中，有时需要借助学生阶段性作品的积累或若干交流展示等方式来记录。在以往的教学中，由于学生的创作时间有限，而实物展台又往往固定于教室某处，教师只能把个别学生的创意过程展示出来，而不能关注大部分学生的过程性作品。现在，希沃白板配套的授课助手软件就很好地解决了这个问题。例如，在剪纸创作、图形设计、摄影实践和国画创作等创意实践类课程中，学生可以用手机或平板电脑登录授课助手之后，及时地把自己或同组成员的创作过程拍下来，并且同屏到希沃白板进行现场交流展示，甚至可以在平板电脑上进行批注讲解。这样，教师对于学生学习的过程性评价更为全面，而学生也通过美术创作，在自主交流中充分地展示自我、认识自我和认可他人，落实美术学科的核心素养。

（二）HappyClass 智慧课堂系统的多元评价功能

HappyClass 智慧课堂系统的多元评价功能，是指教师利用平板电脑发布课堂练习或其他活动，学生个人或者团体通过自学或者合作，完成课堂练习，并进行作业展示和交流，以及完成数据统计和数据保存等事项。

在高中美术教学《视觉传达设计》案例中可以看出，教师根据教学内容，综合运用了 HappyClass 智慧课堂系统，在分析作品、展示交流等教学环节中提高了有效性，也提高了学生的参与度与学习兴趣（见图 5 - 14）。

图 5 - 14　学生的兴趣得到提高

　　从该课的现场座位布置来看，学生小组合作的学习模式已经初步形成，这种合作关系是也是贯穿整个教学过程的（见图 5 - 15）。

图 5 - 15　智慧课堂加强了分享交流

　　从课堂的小练习设计中可看出，比起传统的美术课堂，教师可以关注更多学生的学习反馈，在传统教学中的可预设性在这种新的教学模式下很难达到预期值。学生答题的思路都是与众不同的，答题的方式也有所不同，教师也必须在复杂的真实的教学情境中，发现教学设计与实际情况之间的矛盾，从而在数据统计或者数据可视化之后，及时地对教学设计进行调整或者再设计，这种状态是建构主义教学模式的特征。HappyClass 智慧课堂系统打造了个性化的学习，促进了学生的自主探究，加强了分享交流，促进小组合作，体现了多元化的评价。

在智慧课堂中，有时候平板电脑的使用是贯穿始终的，在移动多媒体环境下，如何巧妙而高效地使用平板电脑和 HappyClass 智慧课堂系统，也是落实学生学科核心素养的关键所在。例如，在《当代艺术欣赏与创作》一课中，学生在第一课时使用平板电脑查找与教学相关的概念、种类、特点、中西方代表艺术家及作品，培养了学生一定的图像识别、审美判断和文化理解能力；在第二课时，教师利用平板电脑引导学生赏析各种艺术作品，利用"课堂提问"功能发布课堂练习题，学生则通过平板电脑回答教师的提问，根据学生的答题情况做出分析，既体现了课堂练习数据化的即视效果，同时也培养了学生一定的美术表现和创意实践能力。另外，师生也可以随时通过平板电脑和 HappyClass 智慧课堂系统将创作的过程和结果拍照上传并展示交流等，这大大加强了学生自主探究的积极性，也优化了展示评价，特别有利于学生的表现性评价和形成性评价。

（三）小结与展望

在智慧教室中，希沃白板与 HappyClass 智慧课堂系统等应用软件和硬件设备，作为新型的现代教育技术装备，对于课堂互动、深度备课、学生综合能力提高、教师专业素养提升等方面的促进是显而易见的。在现有的研究核心素养培育的文献中，对于学生的表现性评价、形成性评价等讨论得很少，缺乏与评价相结合的实证性的成果。借助智慧教室的交互性、生成性、统计数据的即时性等特点，在多元评价学生核心素养的达成情况上，可以取得突破性的研究成果。

身为美术教师，要善于利用智慧教室的相关信息技术和其不同于传统教室的多元评价功能，有效落实美术学科的核心素养。

华东师范大学附属东昌中学　程俊姝

以上是笔者带领的研究团队在技术优化美术"导入、新授、作业、展示、评价"五个教学环节的案例和经验介绍。当然，很多技术不仅仅支持某一个教学环节，它同时可以支持其他多个教学环节，比如，问卷星可以用于课前调查，也可以用于评价环节；思维导图可以用于新授环节，也可以用于作业展示环节；幻灯片除了支持新授环节，其他几个环节也都离不开它。另外，正如第一节中所提到，有一些技术工具可以支持教学的全过程，比如 QQ。

QQ 群的功能非常强大，在艺术课堂教学中经常用到的功能有：群相册、群文件、群公告、群语音、群作业和群视频功能。这些功能构建了交互式的高中艺术课堂。第一，群公告起到了有效的提示作用，使课前准备更有效。第二，群文件可以长时间有效地存放大量视频教程和素材。第三，群作业起到了预习作业，发图、文、音视频并茂的作业，提交图文并茂的作业统计和批改。学生提交作业之后，教师可以在线批阅，并且把批阅结果直接反馈给学生，让学生及时改进。第四，群相册完美地实现了多点自由切入的支架式教学，呈现交互式课堂，并且在成果展示和作业点评方面也完全满足了师生的共同需求。QQ 群的群相册功能，仅在群内展示，不会分享到群外，可以很好地保护隐私，也可以避免很多干扰性的消息，特别适合如摄影、游学、手绘等类别的群体。第五，群语音功能可以让老师与所有群内成员同时开展语音直播，进行现场教学。如果学生进行博物馆参观或者园区内分散活动，可以通过群语音功能，与所有学生随时保持联系状态，远程遥控指挥，方便户外活动的组织开展。第六，群视频功能可以让老师共享自己的屏幕操作，跨地点开展现场指导教学。绘画类课程，可以使用群视频共享屏幕功能现场作画教学，需要配合数位板或者数位屏使用。

先进的技术为我们的教学带来了便捷，同时也打开了我们的思路，拓宽了我们的视野。我们要与时俱进，使信息技术服务于我们的美术教学，让美育绽放光芒！

思考题：

（1）技术优化美术教学环节要注意哪些原则呢？你平时是如何实践的呢？

（2）你的日常教学中，是否经常使用技术优化美术教学环节？曾用过哪些技术优化哪些环节？能否举例说明？

第六章

新媒体视域下美术教师专业发展

第一节　新媒体视域下美术教师职业新特征

区别于传统工业化社会的时代特征，21 世纪信息化时代已经来临。计算机、互联网、新传播媒介、3D 打印技术、体感交互技术、虚拟现实（VR）与增强现实（AR）技术，推动教育改革发生翻天覆地的变化，对传统课堂的教学带来极大的冲击和挑战。新技术对教师职业的要求更上一层楼，教师的职业素养、专业技能和知识结构也随之变化。处于这样一个剧烈变革时代的美术教师，他一方面能够摆脱束缚，在自己的教学过程中有机会实践各种新思想、新理念、新要求和新方法，使自己的教学能够紧跟时代的发展；另一方面，在这种时代背景下，社会不仅要求他"学高为师，身正为范"，同时，在教学理念、教学方法和技术工具的应用上也提出了更高的要求，使得教师的职业精神和工作体验处于一种压力巨大的境地。

一、TPACK 是未来教师必备的能力

教师的职业在每一个社会阶段都相应呈现出独特的职业特征。互联网时代下的美术教师应具备 TPACK 特征。TPACK 是 Technological Pedagogical Content Knowledge 的缩写，即整合技术的学科教学知识，是美国学者科勒（Koehler）和米什拉（Mishra）于 2005 年在舒尔曼（Shulman）提出的学科教学知识（PCK）基础上提出的。从 2005 年开始，国内外学者对 TPACK 展开了大量的理论和实践研究，通过研究，大家一致认为对于 TPACK 的研究将有利于提高教师掌握和运用信息技术的能力，教师的 TPACK 能力是未来教师必备的能力。

TPACK 框架包含三个核心要素，学科内容知识（CK）、教学法知识（PK）和技术知识（TK）；三个交叉的复合要素：基于教学法的学科内容知识（PCK）、基于技术的学科内容知识（TCK）、基于技术的教学法知识（TPK）；以及三个综合要素的交叉点：整合技术的学科教学知识（TPACK）。①

TPACK 给我们的启示是，不断更新的信息技术给教师职业带来了新的挑战和新的要求。上述三个复合要素的交叉点，即整合技术的学科教学知识（TPACK），结合了教师职业的核心要素：学科专业、教学方法和技术能力，三者的相互融合，无疑会是充分展示教师职业核心专业性的绝佳代表。

---

① 赵国栋. 微课与慕课设计初级教程［M］. 北京：北京大学出版社，2014：3.

二、课程标准对美术教师信息化能力的要求

普通高中美术课程标准（2017 年版）明确提出，美术教师应该具备信息化能力。信息化素养，是"互联网＋"时代所需要的一种搜集与检索、鉴别与分析、交流与传播、识辨与获取、提炼与融合、验证与评估信息的综合品质。时代要求美术教师应该对信息技术有更高的驾驭能力，在学科核心素养本位的美术教学中能够有效地在信息化环境下开展美术教学。

在现代媒体艺术模块中，教师要帮助学生在诸多的影像实验、交互装置以及新的视听技术的刺激和辅助下，进行"沉浸式"的体验。带领学生用摄像机、照相机、最新的计算机软硬件技术和互联网的手段，对文字、图像、声音等媒介进行探索，进而表达自身的情感和思想；教师要培养学生的现代技术意识。让学生直接接触和操作各种现代媒体艺术的设备和器械，了解它们的性能和特点，掌握各种器械的基本操作方法，掌握运用软件的功能进行编辑、设计和处理的方法，即形成最具时代意义的工作方式，使用现代媒体设备的操作技能及使用现代技术解决问题的"现代技术意识"①。这种意识也是未来社会普通公民应具有的重要素质；教师要带领学生通过对现代媒体艺术的学习，帮助学生重新思考"艺术"与"科学"二者之间的关系，发展学生的媒体素养，培养学生面向 21 世纪的生活技能。

———————

① 尹少淳. 普通高中美术课程标准（实验）解读［M］. 南京：江苏教育出版社，2004：150.

由此可见，新的课程标准对美术教师信息技术的驾驭能力有了更高要求。运用技术的能力逐渐成为美术教师必不可少的专业技能要素，教师对于各种新教学技术的设计和开发能力，就是新时期教学技能的核心构成要素之一。

三、信息技术背景下美术教师职业新特征

信息技术背景下的美术教师面临的教学对象较之以往有很大不同。互联网时代的学生都是"数字原住民"，作为"数字移民"的美术教师，以前的知识和技能已经不能适应时代的需求。因此，美术教师必须强化信息技术的意识，提高信息技术能力，与时俱进，才能紧跟时代的步伐。

信息技术融入学校美术教育，美术教师应该进行教学方法的改进，给学生以全新的学习体验。这一方面是由于媒体技术的发展为课堂里的美术学习提供了新的资源获取类型与途径，使得教学更趋于信息化和交互性；另一方面是由于媒体技术的应用促使新型师生关系和互动方式的形成，教师不再是绝对专业知识和技能的掌握者，教学越来越趋向于"以学为主，以教为辅"。① 这意味着现代教师的角色发生了较大转变，由强调教育者的权威性到强调平等合作，一种更加有利于交流与沟通的学习共同体在师生中形成，作为学习共同体中的一员，教师应该努力为学生的学习提供帮助。

"信息技术改变了信息资源的社会分布形态，造成信息的多源

① 奚传绩，尹少淳. 普通高中美术课程标准（2017 年版）解读［M］. 北京：高等教育出版社，2018：107.

性、易得性、可选性。这导致了教育活动的背景由信息不对称变为信息对称，因此改变了教与学之间的关系，引起教育者权威性的削弱，逼迫教育模式走向民主，也迫使教育者更多地使用信息技术进行自我强化。"①

第二节　新媒体视域下美术教师专业发展策略

2018 年两会期间，陈宝生部长在谈及教师队伍建设举措时，重点强调了要培育未来教师。2018 年初国务院颁布的《关于全面深化新时代教师队伍建设改革的意见》也同样要求教师主动适应信息化、人工智能等新技术变革，积极有效开展教育教学，顺应时代，发挥好"互联网＋"教育的力量。在美国新媒体联盟和学校网络联盟联合发布的 2017 年《地平线报告》中也明确指出面对越来越多的高科技工具应用到教学中的现象，亟需重塑教师角色。教师必须在其专业发展中适应互联网与教育的高度融合。面对教育领域的高度信息化，教师的课程观、教学观、自我发展观必将发生变化，教师的专业发展也必将迎来新的挑战。

对照《中小学教师信息技术应用能力标准（试行）》和教师专业知识能力 TPACK 框架，以及"互联网＋"时代教师需要提升的五大能力，我们积极探寻新媒体视域下美术教师专业发展策略。

---

① 王铁军. 信息时代的教师专业化 [J]. 中国远程教育，2004，(20)：60-63.

一、课题引领，区域辐射

借力区域辐射与引领，带动一部分教师率先行动起来。笔者申报的区域课题《现代媒体优化美术课堂教学的实践研究》于 2017 年立项。目的是通过研究，教师能够探索基于各种多媒体教学环境下优化美术教学的途径；能够根据微课的定义、特征、要素、分类等开发制作优质的美术微课；能使用各类应用软件优化美术教学环节；探究基于现代媒体背景下的美术有效教研模式；通过现代媒体的运用，提升教师技术运用能力。

本课题研究成员来自高中、初中、小学全学段，对信息技术的运用各有所长。有的擅长智慧教室的使用，有的擅长动画制作，有的擅长网络云空间建设等。笔者建构微信群、QQ 群，通过线上线下的管理指导模式，定期召开任务驱动会、问题分析会、技术培训会、成果分享会、教学展示交流，鼓励课题组成员参加各级各类学科技术比赛，如微课、信息技术论文比赛等，多途径提升教师的信息技术能力，更好地服务于美术教学。

二、信息技术资源的开发与运用

《普通高中美术课程标准（2017 年版）》中明确提出了信息技术在美术教学实施中的应用。在以计算机、互联网为主要内容的现代科技环境下，信息技术教育是实施素质教育的重要组成部分，为教育提供了各种媒介和资源平台，也为课程与教学方式的改革、培养学生的创新精神与实践能力提供了助力。信息技术在各个学科中的应用，对培养适应未来信息时代的公民，形成其和各学科相关的学科核心素养，具有重要的意义。

《普通高中美术课程标准（2017 年版）》在"信息技术资源的开发与运用"部分，给到两个实施建议：一是美术教科书与信息技术的应用及教辅材料的开发；二是在课程资源开发中充分而理性地应用信息化资源。美术课程标准指出：美术教材的编写需要充分利用信息技术的优势，以开发多元而丰富的"电子化学习内容"。美术教科书的编写要重视与信息技术的整合，以呈现丰富的美术课程内容。换言之，现代教育理念下的美术教科书要注重通过信息技术的手段为课堂美术教育的教、学、评价提供支持。美术教科书中还可以多开设一些电脑动画、网页设计等具有现代气息的课程内容，或者是呈现基于博客、微信、微博等即时通信工具的美术教学评价方法，引导学生进行自评、互评、他评，通过网络的方式发表自己的成果并与他人进行交流。笔者认为，美术教师应该在课程标准的引领下，根据自身特长和资源现状，合理开发美术校本化数字教材。

（一）美术校本化数字教材的开发

近年来，"数字教材"的概念和应用走入我们教育教学的视野范围之内。有别于传统教材，数字教材更多的是利用多媒体技术将传统纸质内容进行数字化的编辑、加工和整理，进而转化为适用于各类电子终端的互动性教材。数字教材充分发挥信息技术优势，文字、音频、视频、图片及动画等元素都被巧妙地设计在其中，其表述的内容更加生动形象，在激发学生学习兴趣的同时，有利于师生间互动交流，实现分层施教、因材施教。据研究，数字教材分四个层次：纸质教材数字化、多媒体数字教材、互动式数字教材和集聚式数字教材。不同层次的数字教材需要不同的课堂教学方式。

1. 纸质教材数字化

纸质教材数字化是数字化的最基础层面，表现为静态的电子教材。教学方式主要为引导学生阅读和练习。

2. 多媒体数字教材

多媒体数字教材，即多媒体电子教材，含有音频、视频、动画等。教师不仅仅引导学生阅读和练习，还包括倾听和观察。

3. 互动式数字教材

互动式数字教材是能够实现互动的数据式教材。它能够支持读者与数字教材互动、师生互动、学生之间互动，以及教师、学生与数字教材的作者之间互动，引导对话、交流、分享成为必要的教学方式。

4. 集聚式数字教材

集聚式数字教材是数字资源集聚的数据式教材，是前三个层次的整合和提升，是最高形态的数字教材。教师的教学方式在于以学习终端为载体、以学习云平台为支撑，实现多主体、多维度、多层次的高效互动。数字教材的发展将引领学生学习方式的变革和促进教师工作方式的变革。

当然，教材数字化一定要基于教师"校本化"特色教材的构建。美术教师应该分析自身专业特长，分析资源条件，然后再确定开发的校本教材主题和内容。需要强调的是，"信息技术"在美术教科书、教材上的应用，不仅仅是新内容、新材料的增补，其根本目的还在于实现课程与教学方式的变革，以真正为培养学生的探究性学习能力、实践应用能力、形成学科核心素养提供帮助。①

（二）在课程资源开发中充分而理性地应用信息化资源

《普通高中美术课程标准（2017年版）》在"地方和学校实施本课程的建议"中的"开发和利用课程资源建议"部分，特别提到了对"信息化资源"的认识和理解："学校应该提供资金、设备，帮助教师充分利用计算机技术、多媒体技术和互联网技术、各种美术应用软件等信息化美术课程资源，从内容和方法上扩展美术课程的空间，使美术教学更具有直观性、互动性和时代感，以促进学习方式的转变，提高教学效果。"

笔者在第二章节中提到过，目前大部分地区的中小学校多媒体教学环境主要有三种：简易多媒体环境、交互多媒体环境、网络或移动多媒体环境。简易多媒体教学环境的配置估计在大部分城市地区都已经普及，发达地区的不少学校已经配置网络或移动多媒体环境，甚至引入云幻科教AR实验室、VR实验室、人工智能实验室，建立了网络化、数字化、智能化有机结合的新型教育、学习和研究的信息化校园。即使不出教室，学生也能与世界互联、互通。同时，教学也不再局限于传统的"班级授课法"，远程教学、虚拟教育、慕课、翻转课堂、云图书馆、云书包等一系列信息化技术教学手段，也深入推进了课堂中交互式学习的发展，极大地增添了学生学习的兴趣和积极性。

---

① 奚传绩，尹少淳．普通高中美术课程标准（2017年版）解读［M］．北京：高等教育出版社，2018：189.

　　美术教学还可以充分利用计算机互联网手段获取来自博物馆、美术馆、风景名胜、社区生活等丰富的艺术资源和美术学习内容；从各类主题性网站、学科资源库与素材库中获取丰富资源；利用一些计算机软件如 Front Page、Dreamweaver、Photoshop 等，将平面的绘画作品转化为立体化的、富有动感的场景；使用基于博客、微信、微博等即时通信工具的美术教学评价方法，引导学生进行自评、互评、他评，通过网络的方式发表自己的成果并与他人进行交流。

　　美术教师应该根据自己的实际情况，在课程资源开发中充分而理性地应用信息化资源，围绕教学主题和教学内容组织和加工信息化资源，优化美术教学。

三、学习使用相关技术

　　美术学科有自己的特点，在美术教学中，经常用到的软件有 Photoshop、Animate、CINEMA4D、Premiere、AfterEffects 等，这些软件有各自的功能和优势，美术教师如果能掌握这些软件的使用方法，则会让自己的教学增色不少。

（一）Photoshop 简称 PS 的强大图像处理功能

　　PS 是当前最热门、功能最强大的图像处理软件之一。教师在备课时，经常会遇到很多需要处理的图像素材，例如，清晰度不够、素材有水印、尺寸不合适等问题，这些问题都可以通过 Ps 来解决。我们可以通过滤镜中的高反差保留或锐化来使模糊的图片清晰一些，用印章模糊工具等处理水印，当然还有最简单的裁切工具等调整素材的大小或裁剪出局部素材。学生也可以利用 PS 进行作业的设计，比如，笔者上过一节课《整理艺术》，就是让学生利用 Ps 将原画进行"整理"再按规律重新组合排列。用到的工具有裁切、移动、旋转、仿制图章等。

（二）Animate 制作生动的交互式课件

Animate 的名字大家可能不太熟悉，但一说到它的前身 Flash 大家一定略有耳闻。Animate 几乎继承了 Flash 的所有功能，我们可以通过 Animate 来制作交互性的课件。比如，制作填色游戏，给模特身上的衣服填色，以加强学生对色彩搭配的直观认识；然后更进一步地提供古今中外多种式样的服装，让学生在填色时既要考虑色彩平衡，同时也要考虑色彩和不同样式服装之间的相性，以锻炼学生的色彩搭配能力。学生在进行交互式游戏的同时积极性被充分调动起来，教师加以引导能让学生们通过这个课件对于色彩平衡有更直观的认识，同时也激发学生对古今中外服装的兴趣。Animate 的可塑性极高，可以制作多种多样的交互式课件，比如给出一片空园林，让学生来安排树木、山石、湖泊的位置，以此加强学生对疏密虚实关系的理解。又比如，给出不同材质的静物，让学生来移动一个甚至多个光源的位置，以此将光影明暗的关系直观地展示给学生。以上的这些案例通过 Animate 一些最简单的功能就能实现，但教学效果却不差。

（三）CINEMA4D 的建模

CINEMA4D 简称 C4D，是一款建模渲染软件，它对于电脑的硬件要求较高。建模，顾名思义，是建立模型，通过这款软件，我们可以对雕塑、装置艺术等做较好的展示分析，甚至包括断臂的维纳斯等世界著名雕像，抑或是中国的青花瓷等艺术品，都能找到模型资源，让学生在课堂上通过教师的课件展示，就能直观地感受三维艺术品的魅力。

（四）Premiere 和 AfterEffects 视频剪辑功能

Premiere 和 AfterEffects 完全针对视频的不同方面，Premiere 是一款专业的视频剪辑编辑软件。AfterEffects 是一款专业的视频后期特效制作软件，Premiere 剪辑功能强大，AfterEffects 特效强大，两者具有动态连接交互编辑使用。通过这类软件，我们可以在备课时把视频剪辑在一起并配音乐和字幕等，在剪辑视频的同时，我们还可以加入一些滤镜和转场效果来使视频更贴切主题，加强艺术性。

美术教师应该主动增强自我专业发展内驱动力，自我革新与时俱进，学习相关的技术，服务于教学。各方也应主动增强面向未来发展教师的外驱力，积极拓展教师专业发展的新方法和新路径，发挥"互联网＋"时代教师发展的新优势，不断为教师专业发展注入新动能。

第三节　从技术走向综合素养

在"互联网＋"背景下的教育正面临五大变革，分别是从数字化教育向智慧教育转型，从传统教室向智慧学习环境转型，从经验性教学向基于证据的教学转变，从标准化生产向个性化学习转变，从翻转课堂向教学结构性变革转变。信息技术融入学校美术教育的诸多现象让我们了解到，信息技术并非只是作为一种"技术形式"而存在，它应该成为高中美术教育中一种新的"课程形态"、一场新的"教学方式的变革"。

信息技术背景下的美术教学带给我们前所未有的新思路、新气象。但有一点我们必须注意，千万不能"为了技术而技术"，要明确：技术是为教学服务的。新颖的技术、丰富的教学手段并不能取代实质的教学内容和艺术体验。有的老师更多只是把数字化屏幕当成电子黑板，美术课堂教学中数字媒体的超文本功能、互动功能、网络功能得不到实现。因此，在依托信息技术的美术教学中，师生要凭借互联网和计算机技术，营造一种动态的、生态化的教学环境，让"教育的技术"为"课堂的艺术"服务。唯如此，方能将信息技术在课堂中的优势真正发挥出来，教师的专业素养才能真正得到提升。

一、美术教师应该具备综合素养

教育家叶澜曾说，教师的学科专业知识是基础层面的，以理论和实践相支撑发展人文精神才是高级的。教师应是集教学者、学习者和研究者于一身的专业人员。近些年来开展的美育活动，以培养学生的人文艺术素养为核心，以发展创造性智慧、陶冶高尚的情操为目的，促进学生在人文素养、审美能力、信息技术、学科知识、身心健康等多方面得到全面和谐的发展。因此，美术教师应该努力通过理论学习、创作与教学实践，提高自己的人文素养，使自己成为有专业知识、技能和教学能力的人，综合素养的人。

首先，美术教师的专业发展要具备一定的学术素养。所谓学术素养，包括两个方面：其一，具有从事学术的基本态度和方法；其二，需要形成进行学术思维和解决实践问题的学术积淀。美术教师应该通过努力去获得和提高以下几个方面的能力：职业道德；理论学习；技能实践能力；教研能力；信息化能力；终身学习能力；审美鉴赏能力。

其次，美术教师的专业发展应具备一定的人文素养。只有在人文精神的滋润下，一个人才会形成健康的人格、悲天悯人的情怀和丰富的人文主义情感。同时，才能在教育教学中将人文精神和审美情趣潜移默化地渗透给学生，达到以文化人、以美育人的目的。蔡元培先生讲过"美育者，应用美学之理论于教育，以陶养感情为目的者也"。美术教师尤其需要成为成功的美育者。美术教师应该注重以下几个方面的能力提升：文化研究能力；关注情感、态度、价值观的能力；对经典、流行和公认的美术作品解读能力。[①]

二、技术促进综合素养提升

加强信息技术的使用，可以促进美术教师综合素养的提升。因为新媒体背景下，借助于互联网的新颖学习方式，使教师的职业特征发生了变化，教师不再是知识的权威者，更多时候教师在学生的

---

① 奚传绩，尹少淳. 普通高中美术课程标准（2017 年版）解读［M］. 北京：高等教育出版社，2018：187.

自主活动中扮演的是导演、参与者、倾听者、推动者的角色。这其实对教师提出了更高的要求，需要教师在学生学习遭遇瓶颈时能对其进行高屋建瓴的指导，帮助他们跨越难关。不再是以前那样将事先准备好的知识传授给学生。这对教师的专业发展也是一种倒逼，迫使自己不断学习、不断充电，提升自己的综合素养。

笔者带领的《现代媒体优化美术课堂教学的研究》区级课题团队，通过培训、学习、实践、交流、分享等方式，在信息技术辅助美术教学方面的能力有了很大提高，取得丰硕成果。同时，专业发展水平和综合素养也明显提升。

近两年，研究团队开发了基于网络环境下 Happyclass 课堂美术教学课例《当代艺术欣赏与创作》《家具艺术》《传统绘画的现代演绎》；运用各类软件如问卷星、美图秀秀等优化教学各个环节，有近20 个案例，如《尝试抽象画》《定格动画》等；开发近 10 个微课，如漆艺微课（获市级三等奖）、整理艺术微课、抽象与写实微课，类型有欣赏类、技能操作类、录屏类、动画类等；开发了两节慕课：《中华漆艺术》《名画鉴赏》，并已在上海高中名校慕课网上线；学生学会用软件制作电子作业，如 PS、思维导图、定格动画 App 等，积累了一批学生作品，如《铅笔历险记》《发芽》《表情包》《Hello，蒙得里安》《家具艺术》。

研究团队的一位老师被评为浦东新区美术骨干教师，2018 年考入上海市双名工程攻关计划美术名师班，成为学员；一位老师申报的国家级青年教师课题立项；一位老师申报的上海市青年教师课题立项；三位教师完成中国教师研修网高中美术信息技术与学科整合课程研发的十五门课程；一位老师的美育微课获市级奖项，成为上海美术家协会会员，近年来美术作品 12 次参展。教学展示课获市级二等奖；两位教师职称晋升；团队成员获奖和发表的教学论文 20 余篇。

由此可见，技术能力的加强，能够促进教师专业发展和综合素养的提升。希望美术教师能够与时俱进，不断学习，提高综合素养，做新媒体背景下研究型的美术教师。

思考题：

（1）新媒体视域下美术教师职业新特征是什么？你觉得该如何去应对这种变化？

（2）新媒体视域下美术教师的专业发展有哪些途径？请结合自身情况谈一谈。

主要参考文献

［1］中华人民共和国教育部．普通高中美术课程标准（2017 年版）［M］．北京：人民教育出版社，2018.

［2］中华人民共和国教育部．义务教育美术课程标准（2011 年版）［M］．北京：北京师范大学出版社，2011.

［3］中华人民共和国教育部．普通高中美术课程标准（实验）［M］．北京：北京师范大学出版社，2003.

［4］尹少淳．普通高中美术课程标准（实验）解读［M］．南京：江苏教育出版社，2004.

［5］奚传绩，尹少淳．普通高中美术课程标准（2017 年版）解读［M］．北京：高等教育出版社，2018.

［6］李四达．数字媒体艺术概论［M］．北京：清华大学出版社，2015.

［7］赵国栋．微课与慕课设计初级教程［M］．北京：北京大学出版社，2014.

［8］陈玉琨，田爱丽．慕课与翻转课堂［M］．上海：华东师范大学出版社，2014.

［9］段鹏．美国国家核心艺术课程标准的内容、特点与启示［J］．课程教材教法，2016.

［10］胡知凡．英国的中小学美术教育改革［J］．中国美术教育，1997.

［11］王铁军．信息时代的教师专业化［J］．中国远程教育，2004.

［12］马九克．微课视频制作与翻转课堂教学［M］．上海：华东师范大学出版社，2017.

［13］方其桂．Camtasia Studio 微课制作实例教程［M］．北京：清华大学出版社，2017.

［14］胥果．可汗学院对我国中小学视频课程建设的启示［J］．湖北：软件导刊，2013（5）．

［15］官芹芳．可汗学院翻转课堂［J］．上海：上海教育，2012（17）．

［16］焦建利．从开放教育资源到"慕课"——我们能从中学到什么［J］．中小学信息技术教育，2012（10）．

［17］刘增辉．中国MOOC：与其被动改革不如主动变革——访华南师范大学教育信息技术学院副院长、未来教育研究中心副主任焦建利［J］．中国远程教育，2013（14）．

［18］李青，王涛．MOOC：一种基于连通主义的巨型开放课程模式［J］中国远程教育，2012（3）．

［19］樊文强．基于关联主义的大规模网络开放课程（MOOC）及其学习支持［J］．远程教育杂志，2012（3）．

［20］徐耘春．视觉艺术教育的新动向：数字时代背景下的中学新媒体艺术课程与教学研究［D］．上海：华东师范大学，2015.

［21］姜澎．C9高校将共享在线开放课程探索跨校联合辅修专业培养模式［N］．文汇报，2013 - 07 - 10.

后 记

书稿写完了，但是这个领域的研究还没结束。感觉是搭乘了长途车，中途下来休息一下，之后，随时会上车继续赶路。

的确，"新媒体视域下的美术教学"这个题目很大，无论高度、深度、宽度都不可限量。而且，这个话题具有无限延展性，因为这是一个研究未来的话题，而未来是不可预测的。从这个意义来说，此课题永远也结不了题，所以每一次的结题，都属于阶段性研究成果。但对于我来说，比较喜欢这种挑战。

这本小书就算是我的一个阶段性的研究成果。即便如此，我也异常高兴，因为借着这个机会，我将之前所做的研究进行了梳理。整理的过程是反思提高的过程，也是发现问题的过程，这为后续的深入研究留有很大的空间。

写作的过程，既艰辛又快乐。艰辛来自体力上，因为是一次次夜以继日、见缝插针地写；快乐来自精神层面，每一个案例的撰写，又仿佛重回欢乐的课堂，和孩子们共同学习、共同成长。体会最深的是撰写第四章节《定格动画走进美术课堂》，翻阅一份份学习单，密密麻麻端正的小字，有些地方被划去后重写，有的表格用不同颜色的笔做的记录，有的分镜头脚本用一幅幅效果图配合文字来表示……查看一个个视频：认真拍摄的画面、精心挑选的音乐、配有字幕的画面、完整的片头片尾……观看学生的拍摄花絮，有匍匐在地拍摄的，有爬上桌子拍摄的，有聚在一起兴奋地讨论方案的……每一个细节都令人感动。这个项目的学习将师生的关系拉到最近，那段时间，为了共同的目标，出自真心的喜欢，师生双方经常在课内、课外深入探讨着定格动画，有时候是休息日，有时候是深夜。我想，任何一个美术教师看到这里都会感到无比欣慰和幸福。

感谢上海市美术名师基地的导师张家素老师和赵其坤老师给予我的指导和帮助。感谢课题组的几位老师，正是由于我们同心同德、齐心协力，才会取得如此丰硕的成果。课题研究的过程中，我们互相切磋、共同研讨、一起进步。另外，我还要感谢家人，正是有了他们的鼓励和支持，我才能将此书坚持写下来。

彭学军于翠庭

2019 年 2 月